Cahier d'exercices oraux et écrits
pour accompagner
KALEIDOSCOPE

Cahier d'exercices oraux et écrits
pour accompagner
KALEIDOSCOPE
Grammaire en contexte

Deuxième édition

Françoise Coulont-Henderson
DePauw University

Eliane McKee
State University College at Buffalo

Alice C. Omaggio
University of Illinois, Urbana-Champaign

McGraw-Hill Publishing Company
New York St. Louis San Francisco Auckland Bogotá Caracas
Hamburg Lisbon London Madrid Mexico Milan
Montreal New Delhi Oklahoma City Paris San Juan
São Paulo Singapore Sydney Tokyo Toronto

This is an EBI book

Cahier d'exercices oraux et écrits pour accompagner
Kaléidoscope: Grammaire en contexte

Copyright © 1988 by McGraw-Hill, Inc. All rights reserved. Printed in the United States of America. The contents, or parts thereof, may be reproduced, without permission, solely for use with *Kaléidoscope: Grammaire en contexte*, by Omaggio et al., provided such reproductions carry the same copyright herein, but may not be reproduced, or distributed, for any other purpose, without the prior written permission of the publisher.

234567890 CRE CRE 8932109

ISBN 0-07-554137-8

Developmental editor: Elizabeth Lantz
Project editor: Cathy de Heer
Copyeditor: Xavier Callahan
Typist: Susan Swenson
Illustrations: Mary Ross and Valerie Winemiller

TABLE DES MATIERES

Introduction   v

1. Faisons connaissance!   1
2. Invitations et rencontres   13
3. Chacun ses goûts   23
4. Vive les distractions!   37
5. Les voyages et l'évasion   51
6. Bien dans sa peau   65
7. Le vingt et unième siècle   79
8. Question d'argent   91
9. L'art de vivre avec autrui   105
10. La publicité   117
11. A moi la France!   129
12. Le choc des media   139

Réponses aux exercices   151

INTRODUCTION

Kaléidoscope: Cahier d'exercices oraux et écrits, a workbook/lab manual and tape program, is designed to accompany *Kaléidoscope: Grammaire en contexte*, a second-year review grammar. Each chapter of the workbook/lab manual is based on the corresponding chapter of the textbook: the exercises supplement and complement the textbook activities so that students may immediately practice what they have learned in class in new contexts. Each chapter is divided into two parts.

Première partie: Exercices oraux

Each chapter in the laboratory component of the workbook is accompanied by a tape program approximately thirty minutes long. The first section of each laboratory manual chapter (*A vous la parole*) begins with phonetics exercises that enable students to practice difficult sounds and to perfect their intonation and general pronunciation skills. The features selected for practice are those that are typically most problematic for English-speaking students at the intermediate and advanced ranges in oral proficiency. The next section (*Exercices en contexte*) consists of contextualized structured oral practice activities related to those in the main text. Activities in this section that are preceded by an asterisk can be done in class, as well as in the laboratory, for additional practice. A partial dictation (*Dictée*) follows, again based on the chapter theme and featuring those aspects of vocabulary and grammar that are stressed in the main text for that chapter. The last section of each chapter of the laboratory component (*A l'écoute*) consists of a listening comprehension exercise featuring global comprehension formats, as well as formats eliciting more specific details. Included here are interviews, conversations, stories, and excerpts from naturalistic conversational discourse.

Deuxième partie: Exercices écrits

The second half of each chapter includes a wide variety of written exercises, reinforcing textbook activities and contextualized to correspond to the chapter themes. Some workbook exercises are controlled, while others are more open-ended, providing a wide array of written practice for homework or review activities. The answers are included in the back of the book.

The authors hope that this workbook/laboratory manual will help students gain greater mastery of the French language within a framework of enjoyable contextualized activities.

Tableau des symboles phonétiques étudiés (abrégé)

[ə] vendr<u>e</u>di

[e] <u>été</u>

[ɛ] m<u>è</u>re

[y] t<u>u</u>

[u] t<u>ou</u>t

[o] r<u>o</u>se

[ɔ] f<u>o</u>lle

[õ] b<u>on</u>

[ã] gr<u>an</u>d

[ɛ̃] tr<u>ain</u>

[i] <u>i</u>c<u>i</u>

[ø] h<u>eu</u>r<u>eu</u>x

[œ] s<u>oeu</u>r

[r] ra<u>r</u>ement

[ɥ] l<u>ui</u>

[w] L<u>ou</u>is

[j] sole<u>il</u>

viii   *Introduction*

NOM_____ DATE_____

1 FAISONS CONNAISSANCE!

Première partie
EXERCICES ORAUX

I. **A VOUS LA PAROLE**

A. **La syllabation.** En français la plupart des syllabes se terminent par une voyelle. Ecoutez et répétez les mots suivants.

    a-mi-tié   é-tu-dier
    ca-ma-ra-de   é-du-ca-tion
    po-pu-la-ri-té   a-mu-sant

B. **Le rythme.** En français le rythme est régulier. La phrase est divisée en groupes rythmiques. Les syllabes de chaque groupe sont égales à l'exception de la dernière syllabe qui est un peu plus *longue*. Les mots s'enchaînent à l'intérieur de chaque groupe rythmique. Ecoutez et répétez les phrases suivantes.

   Nous cherchons / un correspondant.
   Elle répond / à une petite annonce.
   Jean-Jacques / habite à Paris.
   Ce chanteur / chante bien.
   J'écris / à une fille / qui habite à Paris.
   Nous faisons la connaissance / de Joëlle.

C. **L'enchaînement.** Ecoutez les phrases et répétez-les en reliant les mots selon les indications.

   Paul adore Adèle.

   Elle parle avec une amie.

   Elle est toujours aimable avec moi.

   Elle part en vacances.

   Il est seul avec ses parents.

   Notre ami a quatre enfants.

   Il arrive à Paris.

   Je sors avec une amie.

II. **EXERCICES EN CONTEXTE**

A. Votre copain vous présente à de nouveaux amis. Faites les changements de sujet ou de verbe. Suivez le modèle.

   MODELE: Michel travaille dans une boutique. (*nous*) -->
           Nous travaillons dans une boutique. (*entrer*) -->
           Nous entrons dans une boutique.

1 Faisons connaissance!

1. ... 2. ... 3. ...

B. Mamisoa parle de son pays natal. Faites de nouvelles phrases en suivant le modèle.

   MODELE: Mon île est belle et douce. (*village*) -->
           Mon village est beau et doux.

   1. ... 2. ... 3. ... 4. ...

C. Vous choisissez entre deux correspondants possibles. Comparez-les selon le modèle.

   MODELE: Sabine est intéressante. (*plus, Marie-Louise*) -->
           Sabine est plus intéressante que Marie-Louise.

   1. ... 2. ... 3. ... 4. ...

*D. Vous êtes d'accord avec les idées de votre correspondant. Transformez les phrases selon le modèle.

   MODELE: Les voyages à l'étranger sont intéressants. -->
           Ah oui, c'est la chose la plus intéressante de toutes!

   1. ... 2. ... 3. ...

III. DICTEE

Bill écrit une lettre à sa nouvelle correspondante française. Ecoutez la dictée une première fois sans écrire. Ensuite, écoutez la dictée une deuxième fois en écrivant les mots qui manquent.

Je _____ d'avoir une correspondante _____.

_____ le français _____ un an. Qu'est-ce que _____

de mon français? C'est mon _____. _____

les jeunes Français de mon âge. Je suis _____ de savoir ce que

_____ après la classe. Mes amis et moi, _____

les _____ disques des _____. Mes amis

_____, mais je _____ un peu de

_____.

   En classe, _____

Quels sont les sujets _____?

   Dans ta _____, parle-moi de toi, de tes cours, de

2   1 *Faisons connaissance!*

NOM_____ DATE_____

_____ et de ta famille. _____ qu'un jour nous

_____. Bon, je te quitte.

                                                  Bien amicalement,
                                                  Bill

IV. A L'ECOUTE

Vous allez entendre trois extraits de lettres écrites par des correspondants étrangers. Ecoutez-les et remplissez le tableau ci-dessous. Vous allez entendre deux fois les extraits. Mais d'abord, voici quelques mots utiles.

classe de terminale	*equivalent of senior year in high school*
citoyenne	*citizen*
fana (fanatique)	*fan*
roux	*red-headed*
frisés	*curly*
mouton	*sheep*
tirer au sort	*to draw (a name)*

Prenez quelques secondes pour regarder le tableau suivant.

Maintenant, écoutez le premier extrait, et remplissez le tableau selon ce que vous entendez.

	Native country	Age	Physical description	Hobbies
Mamisoa				
Marie-Louise				
André				

                                    Deuxième partie
                                    EXERCICES ECRITS
                               Grammaire en contexte

1. THE PRESENT TENSE

A. Faites connaissance avec la doyenne des Français! Pour chaque tiret choisissez le verbe qui convient, puis remplacez-le par la forme convenable de ce verbe au temps présent.

1 Faisons connaissance!

Elle (1)_____ Jeanne Calment. A 112 ans, elle dit: "Je suis la plus âgée et la plus dégourdie (*able*)." Elle (2)_____ une santé excellente et il lui (3)_____ encore de fumer une cigarette après le repas.

> s'appeler
> arriver
> maintenir

Elle est née à Arles en 1875 et y réside depuis ce jour. A vingt ans, elle (4)_____ avec un ami d'enfance. Pendant son mariage, elle ne (5)_____ jamais. Avec son mari elle (6)_____ beaucoup de sports: du tennis, de la bicyclette, de la natation, du patin à roulettes et même de l'escrime. Elle (7)_____, avec émerveillement, des chasses au lapin.

> s'ennuyer
> faire
> se marier
> se souvenir

Aujourd'hui à 112 ans, elle (8)_____ dans une maison de retraite près d'Arles. "On est bien soigné. Ils sont méticuleux: les remèdes, on vous les (9)_____ à telle heure le matin, midi et soir. Pour l'hygiène, ils (10)_____: on change les draps toutes les semaines!" dit-elle.

> apporter
> exagérer
> vivre

Maintenant elle ne (11)_____ plus assez pour lire. Elle ne (12)_____ même plus profiter de la vue qu'elle a de sa chambre. Elle écoute surtout la radio et (13)_____ à tous les programmes, surtout musicaux et littéraires. Mais elle (14)_____ pour la politique.

> s'intéresser
> se passionner
> pouvoir
> voir

A cause de son âge, beaucoup de journalistes lui (15)_____ visite. La télé aussi. Jeanne Calment (16)_____ avec humour: "Je suis une star! Une star sans valeur! Moi à la télévision? Tout arrive: il (17)_____ d'attendre."

> ajouter
> rendre
> suffire

1 *Faisons connaissance!*

NOM_____ DATE_____

B. Vous êtes l'un des journalistes qui vient interviewer Jeanne Calment. Créez des questions en vous servant des mots ou expressions suivants. Répondez ensuite aux questions.

MODELE: quel âge / avoir --->
Quel âge est-ce que vous avez? -J'ai 112 ans.

1. depuis combien de temps / habiter à Arles

_____
_____

2. préférer votre appartement ou cette maison de retraite

_____
_____

3. pourquoi / ne plus lire beaucoup

_____
_____

4. avec qui / sortir de temps en temps

_____
_____

5. où / faire des promenades

_____
_____

6. recevoir beaucoup de courrier

_____
_____

7. qui / écrire souvent

_____
_____

8. qu'est-ce qui / donner tant (*so much*) d'énergie

_____
_____

1 Faisons connaissance!

9. qu'est-ce que / faire pour dormir bien la nuit

10. vouloir vivre encore dix ans

C. Carol veut écrire à sa correspondante en France. Voici quelques-unes des idées qu'elle veut lui transmettre. Aidez-la à les exprimer en français.

1. I am 19.

2. We have been living in this house since March.

3. I have just finished an exercise in French.

4. We are (in the process of) studying the present tense.

5. My friend and I are going to a concert this evening.

6. You have been waiting for my letter for two months.

D. **Et vous?** Répondez aux questions suivantes en faisant attention aux expressions et au temps que vous devez employer.

1. Depuis quand habitez-vous ici?

2. Y a-t-il longtemps que vous étudiez le français?

3. Combien de temps cela fait-il que vous êtes à l'université?

4. Quel est le dernier cours de français que vous venez de suivre?

NOM_____   DATE_____

5. Est-ce que le cours que vous êtes en train de suivre est un cours obligatoire?

   _____

2. DESCRIPTIVE ADJECTIVES

A. Faites la connaissance de Jean et Claude et de Lucie et Paulette, amis qui se ressemblent beaucoup. Remplacez les tirets par la forme convenable de l'adjectif.

1. Jean et Claude sont grands.

   Lucie et Paulette sont _____ aussi.

2. Ils ne sont pas _____.

   Elles ne sont pas grosses non plus.

3. Ils sont beaux.

   Elles sont _____ aussi.

4. Ils sont _____.

   Elles sont sportives aussi.

5. Ils ont toujours l'air _____.

   Elles aussi ont toujours l'air heureuses.

6. Ils sont sérieux.

   Elles aussi sont _____.

7. Ils ne sont pas _____.

   Elles ne sont pas fières non plus.

8. Ils sont assez conservateurs.

   Elles aussi sont assez _____.

1 Faisons connaissance!

9. Ils sont très _____.

   Elles aussi sont très discrètes.

10. Ils ne sont pas menteurs.

    Elles non plus ne sont pas _____.

11. Ils sont toujours _____.

    Elles aussi sont toujours franches.

12. Ils sont très gentils.

    Elles aussi sont très _____.

B. **Qui est Berthe Armand?** Les phrases ci-dessous forment un paragraphe qui la décrit. Recopiez les phrases en mettant les adjectifs à l'endroit qui convient. N'oubliez pas de faire l'accord en genre et en nombre.

   1. C'est une amie de ma mère. (*ancien*)

      _____

   2. C'est une personne d'un âge (*certain*)

      _____

      et d'un caractère. (*renfermé, austère*)

      _____

   3. Elle mène une existence (*rigoureux*)

      _____

      par habitude de la vie de sa jeunesse. (*dur*)

      _____

   4. C'est une femme. (*grand, mince*)

      _____

   5. Son air fait peur. (*sévère*)

      _____

   6. Elle a les yeux (*marron clair*)

      _____

      et porte toujours une jupe et un pull. (*bleu marine*)

      _____

1 *Faisons connaissance!*

NOM_____   DATE_____

7. Elle habite dans une maison (grand, gris)

_____

dans un quartier. (beau, tranquille)

_____

8. Au fond, c'est une femme. (bien brave)

_____

C. On dit que les opposés s'attirent. Pour chaque phrase donnez les adjectifs contraires aux adjectifs qui s'y trouvent déjà. N'oubliez pas de faire l'accord en genre et en nombre.

Les hommes qui sont grands, minces et laids recherchent des femmes qui sont (1)_____, (2)_____ et (3)_____. Les individus ennuyeux et antipathiques cherchent des personnes qui sont (4)_____ et (5)_____. Une personne qui mène une vie sédentaire veut vivre avec une personne qui mène une vie (6)_____. Ceux qui sont très intelligents recherchent souvent un partenaire un peu (7)_____. Un homme progressiste va être attiré par une femme plutôt (8)_____. Une personne désordonnée va certainement s'associer à une personne (9)_____. Mais un bon cuisinier ne va jamais chercher une (10)_____ cuisinière.

3. THE COMPARATIVE AND SUPERLATIVE OF ADJECTIVES

A. Marcel et Jean sont deux camarades de classe. Lisez leurs propos, puis faites huit phrases en employant les adjectifs suggérés et en les mettant au comparatif.

1 Faisons connaissance!   9

MARCEL	JEAN
−J'ai besoin de neuf livres pour mes cours et ils coûtent 570F. −Quand j'étudie je prends quatre ou cinq tasses de café. −Je vais cinq fois par semaine à la bibliothèque. −J'ai eu un B en maths, un A en français, en anglais et en psychologie. −Je n'ai jamais beaucoup de devoirs.	−Moi, mes cinq livres coûtent 425F. −D'habitude je prends deux cafés. −J'étudie deux fois par semaine à la bibliothèque. −Moi, j'ai eu un B en maths, un C en anglais et en psycho et un A en français. −J'ai toujours énormément de travail à faire à la maison.

Adjectifs suggérés: **assidu, bon, cher, fort, occupé, mauvais, nombreux, studieux**

1. _____
2. _____
3. _____
4. _____
5. _____
6. _____
7. _____
8. _____

B. Karen lit une lettre de sa correspondante en France. Les phrases ci-dessous sont tirées de cette lettre. Quelles questions Karen a-t-elle pu lui poser? Recréez les questions d'après les réponses, en employant le superlatif.

MODELE: Paris est la plus grande ville de France. —>
Quelle est la plus grande ville de France?

1. Le fleuve le plus long est la Loire.

   _____

2. Les villes les moins industrielles sont au sud.

   _____

3. La moins belle ville est, à mon avis, Marseille.

   _____

4. Les meilleurs vins viennent de la région de Bordeaux.

   _____

1 Faisons connaissance!

NOM_____ DATE_____

5. Le plus beau château est Versailles.

_____

6. Les plus mauvaises plages sont au nord.

_____

RECAPITULATION

Savez-vous que... Lisez le passage ci-dessous et remplacez les tirets par les mots en marge en faisant les changements nécessaires.

(1)_____-vous les jeunes Français? On n'a plus peur aujourd'hui que la restauration (2)_____ surpasse la (3)_____ cuisine en France. La réputation des gastronomes n'est pas (4)_____ à s'éteindre avec l'approche de l'an 2000.

| bon |
| connaître |
| prêt |
| rapide |

Un groupe alimentaire (5)_____ de faire une étude sur l'attitude (6)_____ vis-à-vis de la cuisine. Le sondage (7)_____ que 65 pour cent des jeunes en France (8)_____ au bon goût des plats et 59 pour cent pensent que la chose la plus (9)_____ est la qualité. Le prix du repas n'intervient qu'en troisième position.

| français |
| important |
| indiquer |
| tenir |
| venir |

Pour les Français, le (10)_____ repas est encore un repas avec une boisson qui convient; 66 pour cent des jeunes Français (11)_____ attention au goût et 50 pour cent (12)_____ une boisson qui s'harmonise avec les plats. Les "grands Mac", les croissants au jambon ou aux épinards, le vin dans des gobelets en papier sont (13)_____ seulement comme (14)_____ ressource au milieu d'une journée sans répit (*pause*).

| apprécié |
| choisir |
| dernier |
| faire |
| meilleur |

1 Faisons connaissance 11

COMPOSITION FRANÇAISE

Vous faites connaissance. Complétez, sous forme de paragraphe, les idées données ci-dessous.

1. **Quand je rencontre quelqu'un pour la première fois, je...** (Ecrivez ce que vous dites, ce que vous faites, quelle conversation vous engagez, quels sujets de conversation vous évitez, en quelles circonstances vous voulez ou vous ne voulez pas revoir la personne, etc.)

2. **Les meilleurs amis...** (Dites quelles qualités morales et physiques vous recherchez chez un(e) ami(e), ce que vous faites pour maintenir l'amitié, ce qu'un(e) vrai(e) ami(e) doit faire, etc.)

3. **Quand je suis invité(e) chez des gens qui ont un chien ou un chat...** (Dites si vous aimez les chiens et les chats, si vous êtes allergique, ce que vous faites si le chien ou le chat veut rester tout près de vous, etc.)

NOM_____   DATE_____

2 INVITATIONS ET RENCONTRES

Première partie
EXERCICES ORAUX

I. A VOUS LA PAROLE

A. **L'intonation**

1. Pour les questions auxquelles on peut répondre par **oui** ou par **non**, l'intonation monte. Ecoutez et répétez.

    Vous partez?

    Vous aimez le vin?

    Est-ce que vous avez de l'eau minérale?

2. Pour les questions qui exigent une réponse autre que **oui** ou **non**, l'intonation monte sur l'adverbe interrogatif et descend à la fin de la phrase. Ecoutez et répétez.

    Comment as-tu trouvé ce restaurant?

    Où mange-t-on?

    Quand Jean arrive-t-il?

3. Pour les phrases impératives, l'intonation commence très haut et descend graduellement. Ecoutez et répétez.

    Donnez-moi ça.

    Fermez la porte.

    Une bière, s'il vous plaît.

    Préparez-moi trois sandwiches.

4. Pour les exclamations, l'intonation est la même que pour les phrases impératives. Ecoutez et répétez.

    Quelle bonne surprise!

    Chic! Des crêpes!

    Quelle chance!

    Quel dommage!

5. Pour les phrases déclaratives, l'intonation descend dans les phrases courtes. Ecoutez et répétez.

Elle arrive.

On dîne.

Pour les phrases longues, l'intonation monte graduellement puis descend graduellement. Ecoutez et répétez.

Je vous présente mon cousin.

Mon ami est en retard.

Mon amie m'invite chez elle.

J'ai rendez-vous avec Jacques.

B. **Entraînez-vous.**

1. Transformez les phrases que vous entendez en questions. Attention à l'intonation.

    MODELE: Je pars. --> Tu pars?

    1. ...   2. ...   3. ...   4. ...   5. ...

2. Transformez les phrases que vous entendez en exclamations. Attention à l'intonation.

    MODELE: C'est une belle maison. -->

    Quelle belle maison!

    1. ...   2. ...   3. ...   4. ...

C. **Consonnes finales.** En général, la consonne finale n'est pas prononcée, mais souvent les sons c, f, l et r se prononcent dans de petits mots. Ecoutez et répétez.

    avec   Eric
    neuf   amour
    seul

D. **La liaison.** Dans certains cas, il faut prononcer la consonne finale quand le mot suivant commence par une voyelle. Ecoutez et répétez.

C'est un homme agréable et très intelligent.

C'est une femme aimable et très élégante.

Mes amis descendent dans un grand hôtel.

Ils sont ici.

Ton ami américain arrive en avion.

E. **Discrimination auditive.** Mettez un cercle autour de l'expression que vous entendez. (Les réponses se trouvent en appendice.)

2 Invitations et rencontres

NOM_____ DATE_____

1. a. Il offre.   b. Ils offrent.
2. a. Elles invitent.   b. Elle invite.
3. a. Ils s'allument.   b. Ils allument.
4. a. Ils ouvrent.   b. Ils s'ouvrent.
5. a. Elles avancent.   b. Elle avance.

II. EXERCICES EN CONTEXTE

A. Dans un café, Céline et Monique discutent des professions ouvertes actuellement aux femmes. Répondez selon le modèle.

   MODELE: Je veux devenir pilote. (*président*) -->
           Je veux devenir présidente.

   1. ...   2. ...   3. ...

B. Céline est invitée au restaurant, mais elle n'a ni faim ni soif. Répondez selon le modèle.

   MODELE: LE SERVEUR: Voulez-vous de la soupe? -->
           CELINE: Non, merci, je ne veux pas de soupe.

   1. ...   2. ...   3. ...   4. ...   5. ...

C. Vous êtes au restaurant et vous avez très faim. Répondez au serveur selon le modèle.

   MODELE: —Le fromage est bon aujourd'hui. -->
           —Alors, apportez-moi du fromage.

   1. ...   2. ...   3. ...   4. ...   5. ...

D. Vous admirez la maison de votre nouvelle amie. Elle vous explique d'où viennent tous ces beaux objets. Répondez selon le modèle.

   MODELE: tableau, Rome -->
           Ce tableau-ci vient de Rome.

   1. ...   2. ...   3. ...   4. ...

E. Vous admirez les meubles de vos nouveaux amis. Répondez selon le modèle.

   MODELE: J'aime vos tableaux. (*his*) -->
           J'aime ses tableaux.

   1. ...   2. ...

III. DICTEE

Deux jeunes Français rencontrent un touriste américain. Ecoutez la dictée une première fois sans écrire. Ensuite, écoutez la dictée une deuxième fois en écrivant les mots qui manquent.

2 Invitations et rencontres

FRANÇOISE: Tiens, Maurice, _____ cherche un

restaurant.

JOHN: Oui, c'est ça. Je viens d'arriver et je ne connais pas

_____.

MAURICE: Il y a un petit endroit _____.

FRANÇOISE: Non, _____ formidable.

_____ mère et moi, nous en _____ un qui est

épatant. Il est derrière la place du Marché. Il faut goûter

_____. C'est _____.

JOHN: J'imagine que _____ pour moi.

_____ de voyage sont épuisés.

MAURICE: Alors, venez prendre _____ à

_____. Vous _____ toujours y

_____ quelque chose. Je recommande

_____; il est excellent avec

_____, _____ cornichons.

IV. A L'ECOUTE

Vous allez entendre une conversation entre Béatrice et Paul, deux nouveaux amis qui se sont rencontrés à une soirée. Ecoutez leur conversation et faites l'exercice de compréhension qui suit. Vous allez entendre deux fois la conversation, mais d'abord voici quelques mots utiles.

C'était vraiment à mourir de rire.	I almost died laughing.
Je n'en pouvais plus.	It was too much.
boire un pot	to have a drink
passer (un film)	to show (a movie)
suédois	Swedish
la Palme du Festival de Cannes	the Cannes Film Festival Award
Je n'y manquerai pas.	I'll be sure to do it.

Maintenant, prenez quelques secondes pour regarder les questions de compréhension dans votre cahier de laboratoire.

On the basis of the conversation you have heard, answer the following questions in English.

1. Where did Paul and Béatrice first meet?

2. What does Béatrice invite Paul to do?

NOM_____   DATE_____

3. How does Paul respond? Give details about his answer.

4. What does Paul suggest to Béatrice?

5. What is her reaction?

6. Where and when is their next meeting?

Deuxième partie
EXERCICES ECRITS
Grammaire en contexte

4. NOUNS

A. **Quel est leur métier?** Isabelle et Jérôme parlent de certains de leurs amis. Complétez les phrases suivantes en choisissant le nom qui convient et en le mettant à la forme correcte.

1. Georgette et Laure jouent dans un orchestre; ce sont

   des _____.

2. Marcel Dupont dirige une usine. Il est _____.

3. Joséphine travaille à l'usine; c'est une _____.

4. Maxine explique aux touristes l'histoire du château;

   elle est _____.

5. Mlle Durant enseigne à l'école primaire. Elle est

   _____.

6. Gérard arrange les cheveux des dames. Il est _____.

7. Mme Durant enseigne l'anglais à l'université. Elle

   est _____.

8. Mes amis Jacques et Michèle jouent au tennis. Ils

   veulent devenir des _____ professionnels.

9. Mme Bertrand travaille dans son propre restaurant.

   C'est la _____.

10. La soeur de Mme Bertrand prépare le pain dans une

    boulangerie; c'est une très bonne _____.

| boulanger |
| coiffeur |
| directeur |
| guide |
| instituteur |
| joueur |
| musicien |
| ouvrier |
| patron |
| professeur |

2 *Invitations et rencontres* 17

B. **Faites attention!** Remplacez les tirets par **un** ou **une** selon le cas.

1. La mini-jupe est _____ mode que je n'apprécie pas beaucoup.

2. J'ai besoin d'_____ poêle pour frire (*fry*) un oeuf.

3. Il a lu *France de nos jours* et a écrit _____ critique sévère. Pourtant c'est _____ très bon livre.

4. Je suis fatigué; je vais faire _____ somme.

5. Faisons _____ tour en voiture!

6. C'est _____ poste d'occasion (*secondhand*) mais l'image est bonne.

7. Je ne peux pas faire tout ce travail toute seule. Je vais embaucher _____ aide pour l'été.

8. Vivre à la campagne est _____ mode de vie que je n'aime pas beaucoup.

9. Roland Barthes est _____ critique français célèbre.

10. Donnez-moi _____ livre de tomates, s'il vous plaît.

11. Mais, un million de dollars est _____ somme énorme!

12. J'ai trouvé _____ poste qui me plaît et qui paie très bien.

5. **ARTICLES**

A. Jeanine a fait la connaissance des Lenard, une famille française aux Etats-Unis depuis deux ans. Remplacez les tirets par des articles définis, indéfinis ou contractés s'il en faut.

M. et Mme Lenard sont (1)_____ français. Ils sont aux Etats-Unis depuis deux ans à cause (2)_____ travail de M. Lenard. Les deux époux partent pour (3)_____ Floride pour quatre jours, et Jeanine va s'occuper (4)_____ enfants. Mme Lenard lui présente (5)_____ enfants:

"Voilà (6)_____ enfants: Joseph, Sophie, Lucie et André. Joseph est (7)_____ aîné; André (8)_____ cadet. En général ce sont (9)_____ enfants obéissants.

NOM_____   DATE_____

"André adore (10)_____ bonbons et dans (11)_____ salle à manger, sur (12)_____ buffet, il y a (13)_____ bonbons. Si (14)_____ enfants sont sages, vous pouvez leur donner (15)_____ bonbons. (16)_____ lundi après-midi, Joseph a toujours (17)_____ leçon de piano. (18)_____ professeur est (19)_____ dame âgée qui vient à (20)_____ maison.

(21)_____ filles suivent (22)_____ cours de danse et elles vont chez (23)_____ dame qui habite au coin de (24)_____ rue.

(25)"_____ soir, Sophie et André peuvent regarder la télévision. Lucie préfère écouter (26)_____ disques tandis que Joseph aime lire (27)_____ bandes dessinées que son père lui achète".

2 *Invitations et rencontres*   19

B. Carolyne va inviter chez elle des camarades de classe français. Elle a décidé de préparer un boeuf bourguignon. Elle examine donc sa recette pour voir quels ingrédients lui sont nécessaires. Remplacez les tirets par l'article défini, indéfini ou partitif qui convient s'il en faut un.

Il me faut (1)_____ boeuf, un morceau (2)_____ lard salé (*bacon*), deux cuillerées à soupe (3)_____ huile (*oil*), (4)_____ oignons, 100g (5)_____ champignons, un peu (6)_____ farine, trois verres (7)_____ vin rouge, (8)_____ eau, (9)_____ sel, (10)_____ poivre, (11)_____ bouquet garni, (12)_____ tomates en purée et (13)_____ persil haché. Il me faut aussi une boîte (14)_____ nouilles (*noodles*) que je vais servir avec (14)_____ boeuf.

6. DEMONSTRATIVE AND POSSESSIVE ADJECTIVES

A. Marc va commencer sa première année à l'université. Il va habiter à la cité universitaire. Le jour où il emménage, sa mère et sa soeur lui font beaucoup de suggestions. Remplacez les tirets par des adjectifs démonstratifs.

1. Mets _____ chaise dans _____ coin-ci.

2. Accroche _____ deux tableaux à _____ mur-là.

3. _____ affiches sont mieux de chaque côté de _____ étagère-là.

4. Laisse _____ album de photos sur _____ petite table.

5. _____ deux plantes pousseront mieux dans _____ endroit-là.

6. _____ ensemble de fleurs va très bien près de _____ fenêtre.

B. Mme Lenard écrit à sa soeur en France au sujet de Jeanine, l'étudiante qui s'occupera de ses enfants pendant son absence. Voici un extrait de sa lettre. Remplacez les tirets par des adjectifs possessifs.

J'ai fait la connaissance de Jeanine il y a deux mois. J'aime beaucoup (1)_____ attitude. Elle a vingt ans et elle est très sérieuse. (2)_____ famille habite en France, sauf (3)_____ frère. Il réside à Philadelphie avec (4)_____ femme et (5)_____

NOM_____ DATE_____

enfants. Jeanine est ici en tant qu'étudiante. C'est (6)_____

intérêt dans les affaires internationales qui l'a poussée à venir aux

Etats-Unis pour perfectionner (7)_____ anglais. Mon mari et moi

lui avons demandé si elle voulait s'occuper de (8)_____

enfants pendant (9)_____ séjour en Floride. Tu devrais venir nous

rejoindre en Floride. Tu pourrais faire ainsi la connaissance de

(10)_____ amie Kathy dont je t'ai parlé plusieurs fois. C'est

(11)_____ mari et elle qui nous ont invités à aller leur rendre

visite en Floride pendant trois ou quatre jours au moins avant de

regagner la France. Nous avons bien aimé (12)_____ idée.

RECAPITULATION

Portrait d'un jeune Français. Un journaliste raconte comment il a fait la
connaissance de Pierre Dutourd. Remplacez les tirets par les articles ou
adjectifs (possessifs ou démonstratifs) convenables si nécessaire. N'oubliez
pas de faire les contractions qui conviennent.

J'ai rencontré Pierre pendant (1)_____ vacances de Noël

lorsqu'il était moniteur de ski. Il a toujours aimé (2)_____

montagne, la neige et bien sûr (3)_____ ski. Quand il vient à

Grenoble pendant les vacances (4)_____ hiver, il travaille

toujours (5)_____ dimanche à (6)_____ station de ski.

(7)_____ Français prennent de plus en plus (8)_____

vacances à Noël pour pouvoir faire (9)_____ ski. Pour Pierre,

encore étudiant, c'est le début d'une activité régulière parce qu'il

veut devenir (10)_____ moniteur de ski quand il aura fini

(11)_____ études. "J'aime (12)_____ métier. (13)_____

satisfaction (à moi), c'est de faire découvrir (14)_____ montagne

à (15)_____ gens", dit-il. Il continue: "Les contacts qu'on

établit avec (16)_____ gens sont souvent (17)_____ liens

2 *Invitations et rencontres* 21

(*ties*) éternels. Souvent, (18)_____ clients (à nous) deviennent (19)_____ vrais amis (à moi)." Mais (20)_____ métier présente aussi (21)_____ inconvénients. Pierre m'a dit: "C'est un travail saisonnier; il faut avoir (22)_____ autre travail pendant (23)_____ saisons chaudes. Il faut aussi connaître (24)_____ autres langues étrangères comme l'anglais. Mais ça, c'est plutôt un avantage!"

COMPOSITION FRANÇAISE

Un voyage imprévu. Un ami vous invite à l'accompagner soit à la Martinique soit à Hawaï. Dites quel pays vous allez choisir et si c'est à cause de la langue, du climat, de la culture ou des distractions. Dites quand vous pensez partir et combien de temps vous voulez y rester.

NOM_____ DATE_____

3 CHACUN SES GOUTS

Première partie
EXERCICES ORAUX

I. A VOUS LA PAROLE

A. **Les sons [e], [ɛ], [ə].**

   1. **Le son [e].*** Ecoutez et répétez.

      t<u>es</u>
      d<u>é</u>cor<u>é</u>
      regard<u>ez</u>

   2. **Le son [ɛ].**** Ecoutez et répétez.
      m<u>e</u>tte   l<u>ai</u>de
      tr<u>è</u>s   b<u>ê</u>te

   3. **Le son [ə].***** Ecoutez et répétez.

      achète-l<u>e</u>
      mercr<u>e</u>di
      vendr<u>e</u>di
      appart<u>e</u>ment
      s'il t<u>e</u> plaît

   4. **Le son [ə] caduc.** Quelquefois le *e* muet n'est pas prononcé quand il est précédé d'une *seule* consonne *prononcée*. Ecoutez et répétez.

      sam⌀di
      mad⌀moiselle
      tout l⌀ monde
      Beaucoup d⌀ gens aiment les chiens.
      Qu'est-c⌀ que tu penses de ma p⌀tite voiture?

B. **Le son [ə] VS le son [e] VS le son [ɛ].** Ecoutez et répétez.

   le les laide
   de dé dette
   te thé thème
   me mes même
   ne nez nette
   Est-c⌀ qu'elle a dîné avec Michèle?
   Est-c⌀ qu'elle rest⌀ avec André?
   Merci, messieurs, d'être restés.

---
*Pull back the corners of the mouth as if smiling.
**Your mouth should be slightly more open than for [e].
***Round your lips as if whistling.

C. **Discrimination auditive**. Vous allez entendre dix paires de mots. Ecoutez bien et donnez les symboles [e], [ɛ] ou [ə] dans la case qui correspond. (Les réponses se trouvent en appendice.)

1		
2		
3		
4		
5		
6		
7		
8		
9		
10		

II. EXERCICES EN CONTEXTE

*A. Vous interrogez un camarade américain sur ses goûts. Il ne vous comprend pas. Répétez trois fois vos questions selon le modèle.

MODELE: Aimes-tu le rock français? (*n'est-ce pas*) -->
Tu aimes le rock français, n'est-ce pas? (*est-ce que*) -->
Est-ce que tu aimes le rock français?

1. ...   2. ...   3. ...

*B. Vous parlez de goûts vestimentaires. Remplacez la forme brève du pronom interrogatif par la forme longue. Suivez le modèle.

MODELE: Que peut-on mettre avec une chemise rayée? -->
Qu'est-ce qu'on peut mettre avec une chemise rayée?

1. ...   2. ...   3. ...   4. ...

---

*Activities in this section that are preceded by an asterisk can be done in class, as well as in the laboratory, for additional practice.

NOM_____ DATE_____

*C. Vous cherchez de nouveaux accessoires pour votre chambre. Le vendeur vous pose des questions. Posez-lui des questions selon le modèle.

   MODELE: Quel poster voulez-vous acheter? (*le moins cher*) —>
           Lequel est le moins cher?

   1. ...   2. ...   3. ...

*D. Quelles sont les habitudes de votre nouvelle camarade? Posez-lui des questions selon le modèle.

   MODELE: Sortez-vous le soir? (*où*) —>
           Où sortez-vous le soir?

   1. ...   2. ...   3. ...   4. ...

III. DICTEE

C'est le début de l'année scolaire. Monique pose des questions à sa nouvelle camarade de chambre Annick. Ecoutez la dictée une première fois sans écrire. Ensuite, écoutez la dictée une deuxième fois en écrivant les mots qui manquent.

MONIQUE: _____

ANNICK: C'est ma deuxième année.

MONIQUE: _____

ANNICK: Quatre, et c'est assez.

MONIQUE: _____

ANNICK: Je fais des études de droit. J'espère devenir avocate.

MONIQUE: _____

ANNICK: Mes amis et moi nous allons souvent au cinéma.

MONIQUE: _____

ANNICK: J'aime bien Gérard Depardieu.

MONIQUE: _____. Il n'est pourtant pas très beau.

ANNICK: Oh si! Il est merveilleux et plein de talent.

MONIQUE: _____ en ce qui concerne la mode?

ANNICK: Bof! Je ne fais pas trop attention à la mode. Je _____ des jeans et des tee-shirts.

3 Chacun ses goûts

MONIQUE: Regarde! Je viens d'acheter deux nouveaux ensembles.

_____?

ANNICK: Le bleu. C'est une couleur qui te va bien.

MONIQUE: Je suis d'accord avec toi. Nous avons _____.
C'est super!

IV. A L'ECOUTE

Vous allez entendre une interview avec Florence, une étudiante française. Ecoutez deux fois l'interview, puis arrêtez la bande et faites l'exercice de compréhension dans votre cahier de laboratoire. Voici quelques mots utiles.

vive (adj., f.)	lively
grogner	to growl
faire la fête à quelqu'un	to welcome someone, greet joyfully
les abandons	abandonment, abandoned pets
les amendes	fines
les gardiennages	kennels

Maintenant, prenez quelques secondes pour regarder les questions de compréhension dans votre cahier.

Avez-vous compris?

Decide if the statements below are true or false, according to the information in the interview.

T F 1. The French prefer cats to dogs, according to a survey done by *Elle*.

T F 2. Florence suggests that cats are too independent.

T F 3. Florence's father is a veterinarian.

T F 4. Florence doesn't have any special preference in household pets, since she's had all kinds of pets in her life.

T F 5. At the moment, Florence has three dogs.

T F 6. Her little dog Papul is very aggressive toward people she doesn't know.

T F 7. During vacation, many French people board their pets at kennels.

T F 8. There are a lot of people who abandon their pets when they go on vacation.

T F 9. In France, there are laws against abandoning a pet, and a person can be fined if caught.

T F 10. The problem of abandonment seems more serious in France than in the United States, according to the interview.

NOM_____ DATE_____

Deuxième partie
EXERCICES ECRITS
Grammaire en contexte

7. ASKING QUESTIONS

Yes/No Questions

A. Deux amis récents, Gilbert et Marcelle, discutent de ce qu'ils aiment et de ce qu'ils n'aiment pas. Ici, Gilbert questionne Marcelle. Formulez les questions d'après les réponses données. Utilisez les suggestions entre parenthèses.

1. _____ (*n'est-ce pas*)
   —Oui, je suis assez sportive.

2. _____ (*est-ce que*)
   —Non, je n'aime pas faire du jogging mais j'aime bien faire de la marche à pied.

3. _____ (*inversion*)
   —Oui, je vais assez souvent au cinéma.

4. _____ (*intonation*)
   —Bah! les cartes, ça ne me dit pas grand chose.

5. _____ (*inversion*)
   —Oh oui! J'aime beaucoup les animaux!

6. _____ (*est-ce que*)
   —Non, je n'ai ni chat ni chien mais je les aime beaucoup.

7. _____ (*inversion*)
   —Non, je n'aime pas beaucoup les cours que je suis ce trimestre.

8. _____ (*interro-négation*)
   —Mais si, ils sont intéressants. Mais ils sont trop faciles.

B. Il nous arrive à tous de temps en temps de ne pas savoir comment satisfaire le goût des autres. Ici, Jeannette cherche un cadeau pour un ami. Sa copine Julie essaie de l'aider. Formulez les questions de Julie d'après les réponses de Jeannette. Employez les différentes formes de questions selon votre choix.

1. _____
   —Oui, il aime lire.

2. _____
   —Non, il n'a pas *Le Diable en tête*.

3   *Chacun ses goûts*   27

3. _____
   —Oui, bien sûr, il aime bien s'habiller.

4. _____
   —Il préfère les chemises sport. Il n'aime pas les chemises classiques.

5. _____
   —Oui, j'ai vu celle qui était en vitrine chez "L'homme moderne".

6. _____
   —Non, il n'aime pas les rayures (*stripes*) fines.

7. _____
   —Oui, sa mère lui achetait des chemises à la mode.

8. _____
   —Qui le passionne? Non, pas exactement; mais il aime bien les échecs.

Information Questions: Who? What?

A. Michèle et sa soeur sont allées en ville où elles ont acheté certaines choses. Maintenant elles se demandent à qui elles vont les donner. Récrivez les questions ci-dessous en employant la forme courte si la forme employée est longue et vice-versa si cela est possible.

MODELE: Que vas-tu acheter? —>
Qu'est-ce que tu vas acheter?

Qui est-ce qui va aimer ce livre? —>
Qui va aimer ce livre?

1. Qui a besoin d'un short?

   _____

2. A qui est-ce que ce vase peut faire plaisir?

   _____

3. Que peut mettre maman dans ce coffret?

   _____

4. Avec quelle chemise est-ce que papa peut porter cette cravate?

   _____

5. Qu'est-ce que tu vas faire avec ce sac?

   _____

3 *Chacun ses goûts*

NOM_____ DATE_____

6. Qui est-ce qui a besoin de gants?
   _____

7. A qui est-ce que cette chemise peut aller le mieux?
   _____

8. Pour qui as-tu acheté ces mouchoirs?
   _____

9. Qu'est-ce qui va faire plaisir à tante Berthe?
   _____

10. Qu'est-ce qu'on va donner encore à papa?
    _____

B. **Chacun son goût, et surtout en peinture!** Christian et Suzanne visitent un musée et s'arrêtent devant un tableau qu'ils ne comprennent décidément pas. Complétez les questions qu'ils se posent en utilisant les pronoms interrogatifs suivants: **qui, qui est-ce qui, qu'est-ce qui, qu'est-ce que, qui est-ce que, que, quoi.**

MODELE: _____ a-t-il peint? -->
Qu'a-t-il peint?

1. _____ a peint ce tableau?

2. _____ plaît aux gens dans ce tableau?

3. Avec _____ a-t-il été peint?

4. Pour _____ le peintre l'a-t-il créé?

5. _____ ces lignes-ci représentent?

6. _____ ce tableau intéresse?

3 *Chacun ses goûts*   29

7. _____ fait qu'il est si cher?

8. _____ recherches-tu dans les peintures?

9. _____ va être tenté de l'acheter?

10. _____ peindrais-tu si tu avais du talent?

11. Tu aimes les portraits. Toi, _____ tu peindrais?

Information Questions: Which one(s)?

Christophe et Solange considèrent une liste de carrières possibles. Vous trouverez ci-dessous des questions qu'ils se sont posées au cours de leur conversation. Reconstruisez-les en employant la forme convenable du pronom interrogatif **lequel**.

MODELE: une carrière professionnelle ou une carrière technique / penser (à) -->
A laquelle penses-tu?

1. la communication écrite ou la communication audiovisuelle / intéresser le plus

   _____

2. les métiers de la santé ou les métiers juridiques / présenter des problèmes de débouchés (*job openings*)

   _____

3. les infirmières diplômées ou les aides-infirmières / avoir une vie plus facile

   _____

4. l'avocat ou le médecin / gagner le plus

   _____

5. un travail dans l'électronique ou un travail dans l'informatique / aspirer (à)

   _____

6. les études en médecine ou les études en droit / parler

   _____

7. un métier plutôt physique ou un métier plutôt intellectuel / avoir besoin (de)

   _____

8. le secteur technique ou le secteur scientifique / attirer le plus

   _____

NOM_____   DATE_____

Information Questions: How? When? Where? Why?

A. Tout le monde connaît Renée D. On sait qu'elle est grande partisane de gros chiens de garde. On lui pose beaucoup de questions sur ses chiens. Remplacez les tirets ci-dessous par une expression interrogative. Employez chaque expression deux fois. Lisez la deuxième partie de la question avant de faire votre choix. Expressions possibles: **combien, comment, depuis quand, où, pendant combien de temps, quand.**

1. _____ de chiens avez-vous? En avez-vous plusieurs?

2. _____ les avez-vous? Depuis longtemps?

3. _____ les avez-vous achetés? A l'étranger?

4. _____ les mettez-vous quand vous allez en vacances? Dans un chenil (*kennel*)?

5. _____ les laissez-vous là? Pendant longtemps?

6. _____ de chiens voudriez-vous avoir? Trois vous suffisent-ils?

7. _____ en avez-vous trois? Depuis longtemps?

8. _____ s'appellent-ils?

9. _____ le plus gros est-il devenu aussi jaloux? Quand vous avez acheté les autres?

10. _____ arrivez-vous à les garder si beaux? En les brossant souvent?

B. Pour passer de bonnes vacances en groupe il est très important de bien choisir ses compagnons. Ici, Josiane interroge une de ses connaissances sur ses goûts et préférences en ce qui concerne les vacances. Reconstituez les questions de Josiane d'après les réponses. Faites attention aux éléments soulignés.

1. _____
   —J'aime aller en vacances <u>en juin</u>.

2. _____
   —<u>Parce qu'il y a encore moins de vacanciers</u> sur les routes.

3. _____
   —J'aime aller <u>à Bayonne</u>. J'y vais tous les ans.

4. _____
   —<u>Depuis cinq ans</u>.

5. _____
   —J'y reste <u>trois semaines</u> d'habitude.

3 *Chacun ses goûts* 31

6. _____
   —J'y vais en voiture.

7. _____
   —A l'hôtel près de la mer.

8. _____
   —Parce que j'ai maintenant beaucoup d'amis là.

RECAPITULATION

A. Vous avez lu dans les petites annonces d'un journal franco-américain la lettre d'un jeune Marocain qui cherchait un correspondant en Amérique du Nord. Vous lui avez écrit et voilà des extraits de sa lettre en réponse à vos questions. Reformulez ces questions d'après les réponses données.

1. _____ "Je suis né à Casablanca".

2. _____ "Oui, mes parents habitent toujours au Maroc".

3. _____ "Au Maroc on parle français et arabe, et on étudie aussi ces langues à l'école".

4. _____ "Oui, je vais souvent en France. Mon oncle habite à Marseille".

5. _____ "J'y passe d'habitude tout l'été".

6. _____ "C'est ma mère qui m'encourage à étudier les langues".

7. _____ "Je veux devenir journaliste sur le plan international".

8. _____ "Oui, j'ai bien l'intention de retourner en France et continuer mes études".

9. _____ "Mon père est boulanger et ma mère l'aide au magasin".

3 *Chacun ses goûts*

NOM_____ DATE _____

10. _____ "Oui, ils m'encouragent
    _____ beaucoup à faire des études
                                      en France".

11. _____ "Nous parlons arabe et
    _____ français à la maison".

12. Vous aimez la nature,   "Je préfère surtout la plage:
    _____ les plages marocaines sont
    _____ très belles".

B. **Maigrir!** Un magazine français énumère dix erreurs communes que font les gens qui essaient de perdre quelques kilos. Vous écrivez au magazine pour avoir des explications. Quelles questions allez-vous poser pour savoir ou pour connaître...

   MODELE: le nombre de calories dans une tranche de pain blanc? -->
           Combien de calories y a-t-il dans une tranche de pain blanc?

   1. la personne ou le groupe de personnes qui a suggéré ces erreurs?
   _____

   2. si on a fait des recherches sur chacune de ces idées?
   _____

   3. la raison pour laquelle on n'a pas besoin de supprimer les pommes de terre?
   _____

   4. pourquoi il ne faut pas supprimer les produits céréaliers ni les légumes secs?
   _____

   5. ce qu'il y a d'avantageux dans les biscottes par rapport au pain blanc?
   _____

   6. ce que sont les glucides?
   _____

3 Chacun ses goûts

7. la différence qu'il y a entre cent calories de graisse et cent calories de glucides?
   _____

8. ce qui arrive quand on mange trop d'oeufs?
   _____

9. ce qu'on peut faire quand on a l'estomac "creux" au milieu de l'après-midi?
   _____

10. les dangers qui existent quand on grignote (*nibble*) un morceau de chocolat ou des bonbons?
    _____

11. l'exercice qui est le meilleur?
    _____

C. A une soirée française, vous parlez avec quelqu'un d'un livre qu'il vient de lire et qu'il a beaucoup aimé. Vous voulez en savoir plus. Comment allez-vous exprimer en français les questions suivantes?

1. What is the title?
   _____

2. Who is the author?
   _____

3. What kind of book is it?
   _____

4. Is the story long?
   _____

5. Where does the story take place (*se passer*)?
   _____

6. What is the author's goal?
   _____

7. How many other books do you have by this author?
   _____

NOM_____ DATE_____

8. Which one is the best?

   _____

9. What is she alluding to (*faire allusion à*) in the title?

   _____

10. How does the story end?

    _____

COMPOSITION FRANÇAISE

Que pensent les jeunes Français? Pendant un voyage en France, vous allez interviewer des jeunes étudiants français. Préparez un questionnaire d'environ quinze questions à poser sur leurs préférences en ce qui concerne les animaux, les vêtements, les loisirs, les cours, le logement, la politique, la musique, etc.

NOM_____ DATE_____

4 VIVE LES DISTRACTIONS!

Première partie
EXERCICES ORAUX

I. A VOUS LA PAROLE

*A. **Le son [r].**** Ecoutez et répétez.

    AGA   ARA
    IGI   IRI
    OGO   ORO
    GA   RA   GRA   grasse
    GO   RO   GRO   grosse
    GOU   ROU   GROU   groupe
    GAN   RAN   GRAN   grande
    GON   RON   GRON   gronde

B. **Entraînez-vous.** Répétez le modèle en faisant les substitutions indiquées.

   MODELE: en voyage --> Je pars en voyage.

   1. ...   2. ...   3. ...   4. ...   5. ...   6. ...

C. **Dialogue.** Ecoutez et répétez chaque ligne du dialogue. Attention à la position de la langue.

   RACHEL: Robert, tu vas à Remiremont pour les grandes vacances?
   ROBERT: Oui, c'est très près.
   RACHEL: Et ce n'est pas trop cher?
   ROBERT: Non. C'est très bien, Rachel. Viens avec moi.
   RACHEL: Il faut s'organiser avant de partir.
   ROBERT: Oui, bien sûr, il faut se préparer.
   RACHEL: Mais courage! Pense aux bons restaurants et au repos.

II. EXERCICES EN CONTEXTE

A. **On joue aux cartes.** Changez les phrases du singulier au pluriel et vice versa selon le modèle.

   MODELE: Quand nous nous ennuyons, nous jouons aux cartes. -->
           Quand je m'ennuie, je joue aux cartes.

   1. ...   2. ...   3. ...   4. ...   5. ...

---

*Activities in this section that are preceded by an asterisk can be done in class, as well as in the laboratory, for additional practice.
**Say the sound *G* (GA) and then *R* (RA). The two consonants are very close. The tongue is also very close to the position of the English *h* in the words *huge* and *human*. The back of the tongue must be in action as the air stream passes through.

4 *Vive les distractions!*   37

*B. Jean est marathonien amateur. Reliez les phrases suivantes selon le modèle.

   MODELE: Jean est un grand sportif. Il est marathonien. -->
           Jean est un grand sportif qui est marathonien.

   1. ...   2. ...   3. ...

C. Georgette fait des sports d'hiver. Reliez les phrases suivantes selon le modèle.

   MODELE: Le ski est un sport. Georgette aime le ski. -->
           Le ski est un sport que Georgette aime.

   1. ...   2. ...   3. ...

D. Paul est un cycliste enthousiaste. Reliez les phrases selon le modèle.

   MODELE: Paul a une nouvelle bicyclette. Il est fier de sa bicyclette. -->
           Paul a une nouvelle bicyclette dont il est fier.

   1. Le Tour de France est une course spectaculaire. Tous les Français parlent de cette course.
   2. Paul achète des chaussures de sport. Il a besoin de chaussures.
   3. Paul admire une casquette. Il a envie de cette casquette.

*E. Voici des idées fausses sur le bricolage. Rétablissez la vérité en utilisant les expressions négatives. Suivez le modèle.

   MODELE: Le bricoleur a de la difficulté à réparer une maison. (aucun) -->
           Le bricoleur n'a aucune difficulté à réparer une maison.

   1. Un bon bricoleur se tape toujours sur les doigts.
   2. Un bricoleur novice sait tout réparer.
   3. L'expert risque des chutes et des accidents.
   4. Tout le monde peut construire un ordinateur.

III. DICTEE

Ecoutez la dictée une première fois sans écrire. Ensuite, écoutez la dictée une deuxième fois en écrivant les mots qui manquent.

   Depuis 1936, les Français _____ aux congés payés.

Pendant l'été _____, ils prennent des _____

_____. Ils _____

quelque part pour _____. Les moins riches _____

de louer une villa ou de _____ dans un hôtel vont chez des

_____ ou bien ils passent leurs vacances

chez eux.

NOM _____   DATE _____

Pour _____ le soir, ils sortent et _____

_____ en famille. _____

entre amis et _____ à la terrasse d'un café quand _____

_____ à faire. Pendant quelques semaines, ces

vacanciers _____. Ils

_____ et profitent au maximum de leurs

vacances _____ et reprendre des forces

avant de _____ au travail.

IV. A L'ECOUTE

Vous allez entendre des bribes (*snatches*) de conversation où l'on parle de passe-temps différents. Ecoutez-les et identifiez chaque activité en mettant 1 pour la première, 2 pour la deuxième, etc., dans le tiret à côté de l'activité. Vous allez entendre deux fois chaque bribe de conversation. Mais d'abord, voici quelques mots utiles.

aveugle	*blind*
(ne) te fâche pas	*don't get upset*
A qui le tour?	*Whose turn is it?*
un jeton	*a tile or token (in a game)*

Maintenant, prenez quelques secondes pour regarder la liste d'activités dans votre cahier.

_____ tennis   _____ Monopoly

_____ cycling   _____ coin collecting

_____ handicrafts   _____ soccer

_____ Scrabble   _____ horseback riding

_____ video games   _____ stamp collecting

Deuxième partie
EXERCICES ECRITS
Grammaire en contexte

8. PRONOMINAL VERBS

A. **Vive les distractions!** Mais quand on est *secrétaire d'Etat chargé de l'enseignement* comme l'est Michèle Alliot-Marie, il y a peu de distractions. Lisez le passage ci-dessous en remplaçant les tirets par les verbes en marge. Mettez-les à la forme convenable.

4 *Vive les distractions!*   39

Une journée dans la vie de Michèle Alliot-Marie

(1)_____ ainsi:

5 h 30: Elle (2)_____. Encore au lit elle prend un petit déjeuner que lui a préparé sa femme de ménage. Elle a une heure pour lire et écouter la radio.

> se doucher
> s'habiller
> se lever
> se résumer
> se réveiller

6 h 50: Elle (3)_____ et met une tenue (*outfit*) de jogging. Chaque matin elle court au bois (*woods*) pendant une bonne demi-heure.

7 h 30: Elle revient à la maison, (4)_____ et (5)_____.

8 h 00: Elle descend rapidement l'escalier et (6)_____ dans la R 25 grise où son chauffeur l'attend.

> s'agir
> se dépêcher
> se mettre
> se précipiter
> se taire

8 h 30: Elle (7)_____ au travail avec ses collaborateurs.

10 h 00: Souriante et calme, elle (8)_____ pour visiter une école maternelle (*kindergarten*).

12 h 00: Au déjeuner au petit hôtel de Lassay à l'Assemblée nationale on discute. Il (9)_____ de la santé des enfants à l'école. Là, elle (10)_____ et écoute.

15 h 00: Elle (11)_____ à l'Assemblée nationale mais comme il n'y a pas de questions à traiter elle pourra (12)_____ vers 16 h 15.

> s'apercevoir
> se changer
> s'installer
> se réserver
> se retirer
> se trouver

40   4 *Vive les distractions!*

NOM_____   DATE_____

   17 h 00: Elle (13)_____ deux heures par jour

pour travailler à ses dossiers.

   18 h 00: Elle descend voir le Ministre de l'Educa-

tion nationale. Ils (14)_____ dans un coin du

grand bureau.

   19 h 00: Elle remonte dans son propre bureau.

   19 h 45: Elle (15)_____ qu'elle n'a que vingt

minutes pour (16)_____.

   20 h 30: Elle va revoir une pièce qu'elle adore,

Britannicus de Racine.

   23 h 00: La pièce finie, elle va féliciter Silvia

Monfort dans sa loge. Elles (17)_____ et

(18)_____ depuis douze ans.

| s'apprécier |
| s'attabler |
| se connaître |
| se séparer |

   Minuit: Tous (19)_____ chez Francis.

   2 h 00: Il est grand temps de (20)_____.

Et demain... une autre journée l'attend.

B. Aujourd'hui les Pomier se préparent pour fêter l'anniversaire de M. Pomier. Chaque membre de la famille est occupé à faire quelque chose. Indiquez, en employant un verbe réfléchi ou non, ce que fait chacune de ces personnes.

1. M. Pomier _____   2. Robert _____

   _____   _____

4 *Vive les distractions!*   41

3. Mme Pomier _____ _____ Jean-Paul.

4. Mme Pomier _____ _____ Juliette.

5. Mme Pomier _____ _____ Juliette.

6. Marguerite _____ _____

7. Marguerite _____ _____ dans le miroir.

8. Robert _____ _____

42   4 *Vive les distractions!*

NOM_____ DATE_____

C. **Et vous?** Comment passez-vous votre temps de loisir? Répondez aux questions suivantes. Faites attention à la forme du verbe et au pronom réfléchi que vous allez employer.

1. Quel jour de la semaine vous reposez-vous le plus?

   _____

2. A quelles sortes de sports vous intéressez-vous?

   _____

3. Quand vous et vos amis vous amusez-vous?

   _____

4. Est-ce que vous et vos amis pouvez vous passer des jeux électroniques?

   _____

5. Si je veux m'acheter une bicyclette, quelle marque me conseillez-vous?

   _____

9. RELATIVE PRONOUNS

A. Eliane et Dominique parlent de leurs distractions favorites. Reliez les phrases suivantes par un pronom relatif en suivant le modèle.

MODELE: J'aime me promener dans un parc. Il y a des fleurs. -->
J'aime me promener dans un parc où il y a des fleurs.

1. Je regarde les programmes à la télé. Ils sont intéressants.

   _____

2. Je ne vais jamais dans un café. Il n'y a pas de musique.

   _____

3. Je lis des livres. J'emprunte ces livres à la bibliothèque municipale.

   _____

4. Je vais au cinéma voir les films de Spielberg. On parle beaucoup de ces films.

   _____

5. Je fais du jogging dans le parc. Il n'est pas loin de chez moi.

   _____

4 Vive les distractions!

6. J'invite seulement des amis. Ils sont mes meilleurs amis.

   _____

7. Je déteste les sports, comme le rugby et le football. Ils sont violents.

   _____

8. J'aime lire les magazines français. Tu m'as parlé de ces magazines.

   _____

B. Quoi de meilleur pour vous détendre que la bicyclette!. Aujourd'hui les fabricants peuvent répondre à tous vos désirs et à toutes vos fantaisies. Remplacez les tirets par les pronoms relatifs qui conviennent: **dont, que (qu'), qui, où**.

   1. C'est la légèreté _____ distingue un très beau vélo d'un beau vélo.

   2. Peugeot, _____ est le premier constructeur français, propose le PY 10 FC, une superbe machine.

   3. Gitane, _____ les grands sportifs peuvent commander une bicyclette à leur goût, vient d'ouvrir un magasin à Ivry.

   4. C'est chez Gitane aussi que Monsieur et Madame trouveront les accessoires _____ ils désirent.

   5. Chez MBK, deuxième constructeur français, on trouvera le vélo _____ recherche le fanatique de la course.

   6. Chez Lejeune vous trouverez exactement le vélo _____ vous avez besoin, le vélo le moins cher ou le plus sophistiqué.

   7. C'est peut-être le Chrono Spécial à 40 000 F _____ vous cherchez si vous êtes grand amateur ou professionnel!

   8. La Maison du vélo, _____ le directeur est un Anglais, présente tout naturellement la marque Raleigh.

   9. Le Royal Roadster de Raleigh, _____ l'élégance britannique se distingue partout, est un vélo superbe.

   10. Certains des vélos _____ monte (*assembles*) la Maison du vélo sont des vélos unisexes tout terrain.

C. **Et vous?** Quelles sont vos distractions préférées? Exprimez vos idées sur les sujets mentionnés ci-dessous dans une proposition relative.

   MODELE: Les sports... -->
           Les sports que je pratique sont le jogging et le tennis.
           Les sports qui me font du bien sont le jogging et le tennis.

NOM _____ DATE_____

1. Les films...
2. La musique...
3. Les disques...
4. Les groupes de rock...
5. Les programmes à la télé...
6. Les chansons...
7. Les vêtements...
8. Dans la nature, les endroits...

10. NEGATIVE EXPRESSIONS AND CONSTRUCTIONS

A. Martin veut savoir quelles sont les distractions favorites de Lucien et de Marc. Mais Lucien et Marc sont bien négatifs! Formulez les réponses négatives qu'ils donnent. Lisez bien les questions avant de choisir la négation convenable.

1. Fais-tu toujours du sport?

   _____

2. Fais-tu souvent de la natation?

   _____

3. Est-ce que tu bricoles parfois à la maison?

   _____

4. Vas-tu partout à bicyclette?

   _____

5. Est-ce que tu fais de la peinture?

   _____

6. Cours-tu avec quelqu'un?

   _____

7. Fais-tu quelque chose pour te détendre?

   _____

8. Est-ce que tu pratiques chacun de ces sports?

   _____

9. Est-ce que tu vas quelque part le dimanche?

   _____

10. Vas-tu soit au concert soit au théâtre?

    _____

4 *Vive les distractions!*

B. Brigitte et Marthe adorent la plage et elles pensent que pratiquer un sport aquatique serait idéal. Tout en feuilletant (*leafing through*) un magazine, elles se posent beaucoup de questions. Reformulez leurs questions d'après les réponses données.

1. Le ski-surf est un sport qui se pratique uniquement sur les plages peu fréquentées.

   _____
   —Non, je n'ai plus envie d'en faire.

2. _____
   —Aucun de ces sports n'est originaire de France.

3. _____
   —Ils viennent soit d'Australie soit de Californie.

4. _____
   —Non, je ne connais personne qui puisse nous apprendre à faire du Moorei-Boogie (*a very short surfboard*).

5. _____
   —Non, tu n'as besoin de rien de spécial pour faire ce sport.

6. _____
   —Non, nous ne pouvons trouver cet équipement nulle part ici.

RECAPITULATION

Sauna et détente. Pour beaucoup de gens le sauna est un moyen excellent de se relaxer. Il existe cependant beaucoup de conceptions fausses sur le sauna. Un magazine américain en parle. Exprimez les idées ci-dessous en français.

1. Today, no one can pass up a sauna session (*un bain de sauna*).

   _____
   _____

2. People who want to use the sauna should (*devraient*) consult their doctors.

   _____
   _____

3. Sauna (*Le sauna*) is never for those who are depressed.

   _____
   _____

46   4 *Vive les distractions!*

NOM_____ DATE_____

4. It is no longer believed that sauna increases muscle tone (*le tonus musculaire*).

   _____

   _____

5. Sauna hardly increases the elimination of toxins (*l'élimination des toxines*).

   _____

   _____

6. One reads nowhere that sauna is good for all people.

   _____

   _____

7. Doctors have not yet studied the effects of sauna on those who have upper respiratory infections (*des infections ponctuelles*).

   _____

   _____

8. No doctor recommends a heavy meal (*un grand repas*) before a sauna session.

   _____

   _____

COMPOSITION FRANÇAISE

On ne sait pas toujours se divertir. Complétez, par un paragraphe, les phrases ci-dessous en indiquant les situations qui affectent votre attitude et en expliquant pourquoi elles vous affectent ainsi.

1. Je m'ennuie quand...

4 *Vive les distractions!*   47

2. Je m'énerve quand...

3. Je me fâche quand...

4. Je ne peux pas me passer de...

NOM_____ DATE_____

5. Je m'intéresse à...

NOM_____ DATE_____

5 LES VOYAGES ET L'EVASION

Première partie
EXERCICES ORAUX

I. A VOUS LA PAROLE

A. **Le son [y].*** Ecoutez et répétez.

tu	d'habitude
dur	aventure
sûr	amuse
au-dessus	allure

B. **Le son [u].**** Ecoutez et répétez.

tout	trouve
toujours	partout
vous	surtout
jour	séjour

C. **Le son [y] VS le son [u]**. Ecoutez et répétez.

fut	fou	mule	moule
bûche	bouche	cure	cour
bulle	boule	nue	noue

D. **Discrimination auditive.** Vous allez entendre cinq séries de trois mots. Ils contiennent tous le son [y] ou le son [u]. Mettez le symbole phonétique correct dans la case qui correspond. (Les réponses se trouvent en appendice.)

1.			
2.			
3.			
4.			
5.			

---

*Lips rounded, blade of the tongue high, back of the tongue low.
**Lips rounded, blade of the tongue low, back of the tongue high.

5 *Les voyages et l'évasion*

II. EXERCICES EN CONTEXTE

A. **Nous passons l'été à la Martinique.** Faites de nouvelles phrases selon le modèle.

   MODELE: On est allé à la Martinique. (*nous*) -->
   Nous sommes allés à la Martinique.

   1. ...   2. ...   3. ...   4. ...

*B. **Les Jones étaient à Paris l'été dernier.** Décrivez la scène à l'imparfait selon le modèle.

   MODELE: Le ciel est bleu à Paris. -->
   Le ciel était bleu à Paris.

   1. ...   2. ...   3. ...   4. ...   5. ...

C. Vous racontez vos aventures dans la forêt. Racontez l'histoire selon le modèle en utilisant l'imparfait et le passé composé. Reliez les deux verbes par **quand**.

   MODELE: Je travaille. Mon copain a téléphoné. -->
   Je travaillais quand mon copain a téléphoné.

   1. Nous parlons du week-end. Il suggère de faire du camping.
   2. Il fait beau. Nous partons le lendemain.
   3. Nous montons la tente. Nous entendons un drôle de bruit.
   4. Nous prenons notre repas. Un ours entre.
   5. L'ours mange tout. Un grand bruit lui fait peur.
   6. Il fait nuit. Nous décidons de rentrer.

D. Il n'y a plus de chambres d'hôtel disponibles à Paris au mois d'août. Transformez les phrases selon le modèle en ajoutant un adverbe formé sur l'adjectif donné.

   MODELE: Mes cousins américains ont cherché une chambre. (*patient*) -->
   Mes cousins américains ont patiemment cherché une chambre.

   1. évident
   2. absolu
   3. généreux
   4. final

III. DICTEE

Voici le récit d'une aventure. Ecoutez la dictée une première fois sans écrire. Ensuite, écoutez la dictée une deuxième fois en écrivant les mots qui manquent.

---

*Activities in this section that are preceded by an asterisk can be done in class, as well as in the laboratory, for additional practice.

NOM_____ DATE_____

Mon père et moi, nous sommes _____

_____. Pendant notre voyage en Afrique, _____

_____ et effrayante.

Un soir, alors que _____ dans la tente, nous

_____ un drôle de bruit dehors. Mon père qui

_____ de rien _____ pour voir ce

qui _____. Je _____ courageuse-

ment. Derrière les arbres, _____ deux yeux

qui _____ fixement. _____

_____ énorme et noir. Nous _____ tout de suite _____

que _____ panthère. Très _____, nous

_____ dans la tente et nous avons attendu toute la

nuit. Au matin, _____. Ouf!

Quel soulagement! La bête _____. Quelle aventure

inoubliable! C'était vraiment le moment le plus _____

de notre voyage.

IV. A L'ECOUTE

Des vacances aventureuses. L'inspecteur Apollon Gros est en vacances en
Martinique. Ecoutez le récit de ses aventures et mettez les dessins
à la page suivante dans l'ordre, selon l'histoire. Vous allez avoir quelques
secondes après chaque paragraphe pour indiquer le numéro du dessin. Vous
allez entendre l'histoire deux fois. Voici quelques mots utiles.

le voleur	*thief*
"Pirate boiteux"	*"The Lame Pirate"*
faire signe à quelqu'un	*to signal someone, to wave hello*
une ruelle	*an alley*
"Haut les mains!"	*"Hands up!"*
à ma grande honte	*to my great embarrassment*
le casse-croûte	*snack, sack lunch*
au boulot (*fam.*)	*to work*

Maintenant, écoutez le récit des vacances aventureuses.

5 Les voyages et l'évasion

54   5 Les voyages et l'évasion

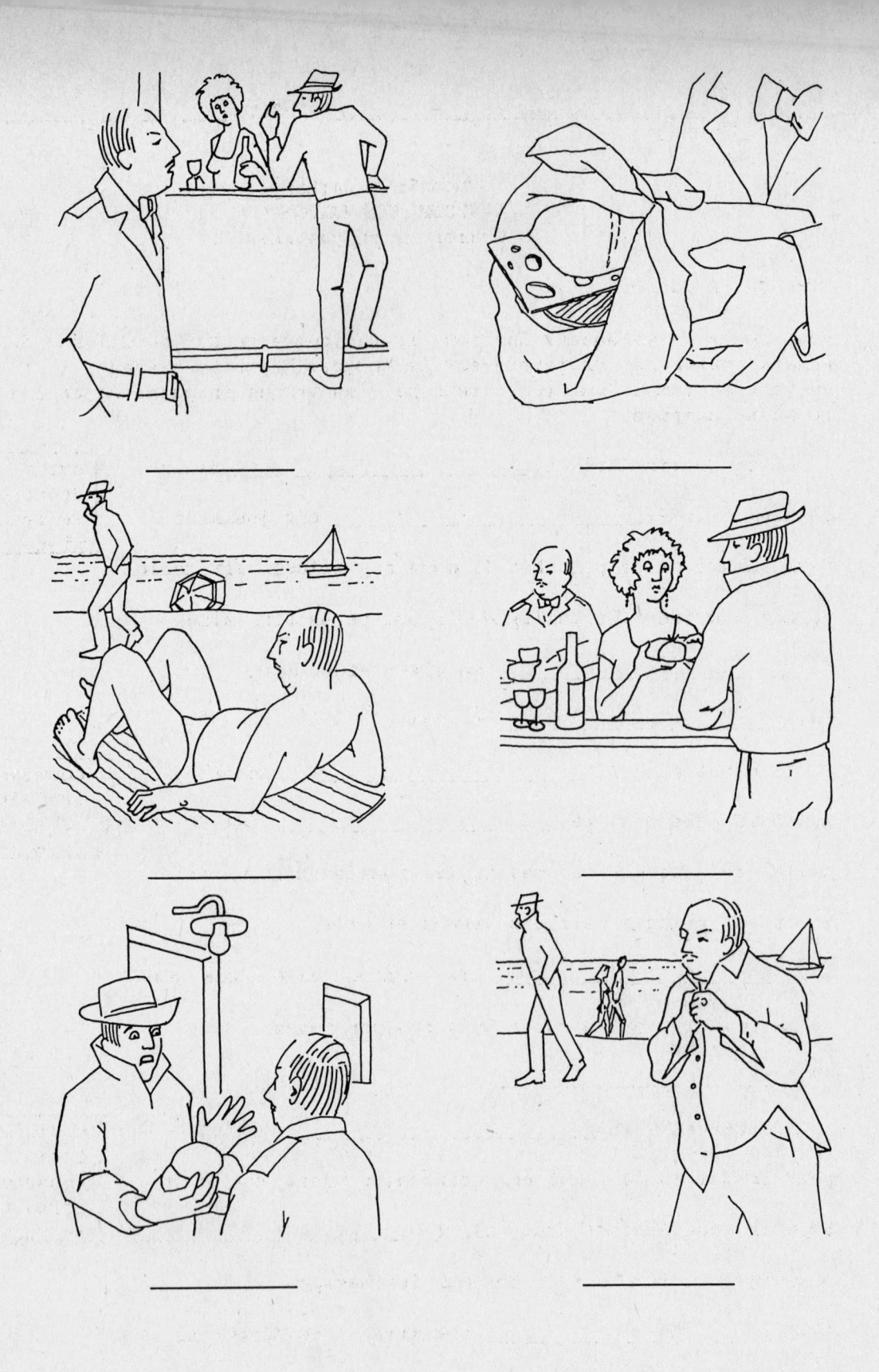

NOM_____ DATE_____

Deuxième partie
EXERCICES ECRITS
Grammaire en contexte

11. THE *PASSE COMPOSE*

A. Vous rêvez de vacances? Eh bien, faites comme cette journaliste du *Figaro*: partez en croisière sur le *Mermoz*. Lisez le passage suivant en remplaçant les tirets par les verbes en marge et en les mettant au passé composé.

Cette journaliste (1)_____ de la chance! Elle (2)_____ dix jours de rêve à bord de ce paquebot (*liner*) magnifique, véritable palace flottant. Un collègue n'ayant pu partir, elle (3)_____ sa place et ne l(e) (4)_____ nullement.

| avoir |
| prendre |
| regretter |
| vivre |

Au début elle (5)_____ le mal de mer mais elle n(e) (6)_____ ni la houle (*rolling of the sea*) ni les roulis (*high waves*). Le bateau glissait sur les vagues et elle (7)_____ très vite qu'elle était sur un paquebot. C'est à Paris Orly que son voyage (8)_____.

| commencer |
| craindre |
| oublier |
| ressentir |

A Paris elle (9)_____ l'avion pour le Caire. Là, cinq cent cinquante passagers, dont 80 pour cent étaient français, (10)_____ pour la croisière sur le *Mermoz*. Ses bagages (11)_____ enregistrés au départ de Paris et elle les (12)_____ dans sa cabine, sur le *Mermoz*. Elle (13)_____ une cabine extérieure vaste et élégante: deux lits, salle de bains et toilettes privées.

| choisir |
| être |
| embarquer |
| prendre |
| retrouver |

5 Les voyages et l'évasion   55

Des cinq repas par jour, il n'y a que le petit déjeuner qu'on (14)_____ en cabine. Le déjeuner, elle l(e) (15)_____ au bord de la piscine. Plus tard elle (16)_____ qu'ils avaient consommé 30 kilos de caviar, 60 kilos de foie gras, des centaines de langoustes, 40 000 oeufs et 3 000 bouteilles de vin et de champagne! Elle (17)_____ participer à toutes les distractions possibles, du jogging aux spectacles français de haute qualité.

> apprendre
> déguster
> pouvoir
> servir

Elle n(e) (18)_____ à toutes les excursions, mais elle (19)_____ Pétra et Eilat en Israël. Un voyage somptueux, (20)_____-t-elle _____ et mille souvenirs depuis (21)_____ sa vie.

> écrire
> envahir
> participer
> visiter

B. **Des vacances exotiques.** Lisez le passage ci-dessous en remplaçant les tirets par les verbes en marge et en les mettant au passé composé. Attention: La plupart de ces verbes se conjuguent avec l'auxiliaire **être**. Faites aussi attention à l'accord du participe passé.

Hélène et moi voulions passer une dizaine de jours dans un pays où il fait chaud et c'est au Maroc que nous (1)_____. C'est là où je (2)_____ et où j(e) (3)_____ la plus grande partie de ma vie. Nous (4)_____ à Tanger un lundi matin et nous (5)_____ vers Rabat. La route est bonne mais plutôt déserte.

> aller
> arriver
> descendre
> naître
> passer

56   5 *Les voyages et l'évasion*

NOM_____ DATE_____

De loin j(e) (6)_____ les remparts qui entourent la ville et qui (7)_____ tels que je les (8)_____. Ces remparts énormes (9)_____ construits il y a des centaines d'années et sont là, immobiles, avec leurs cigognes (*storks*), sortes de sentinelles droites, perchées sur un pied. Nous (10)_____ juste au temps des grandes chaleurs qui forcent le monde vers les plages.

> apercevoir
> connaître
> être
> rester
> venir

Nous (11)_____ dans la ville par l'arche principale et, après avoir fait un tour, nous (12)_____ sur l'autoroute Rabat--Casablanca. Avant de partir, cependant, nous (13)_____ dans la tour Hassan, qui nous (14)_____ non seulement une belle vue de la ville mais aussi de toute la vallée.

> entrer
> monter
> offrir
> passer

Casablanca (15)_____ tout de suite à Hélène mais la nuit (16)_____ trop vite et ce n'est que le lendemain que nous (17)_____ des projets pour toute la semaine. Au bout d'une semaine, nous (18)_____ toutes deux ravies de notre séjour.

> faire
> partir
> plaire
> tomber

12. THE *IMPARFAIT*

Evasion par les rêves! Lisez le passage suivant, puis remplacez les tirets par les verbes convenables en les mettant à l'imparfait.

5 Les voyages et l'évasion

Quand j'étais petit, je (1)_____ souvent que je (2)_____ de longues randonnées à cheval comme les cowboys d'autrefois. Mes partenaires et moi (3)_____ dans une ville où les gens ne nous (4)_____ pas.

| arriver |
| faire |
| finir |
| recevoir |
| rêver |

Il y avait alors des bagarres (*fights*) furieuses qui ne (5)_____ pas.

Je me réveillais en sueur (*soaked in sweat*). Mon frère, qui (6)_____ la chambre avec moi, se levait pour voir ce qui (7)_____ Je lui racontais mon aventure et nous (8)_____ aussitôt après. Ah! si seulement vous (9)_____ comme ces évasions au Farwest me (10)_____ !

| partager |
| se passer |
| se rendormir |
| plaire |
| savoir |

13. THE *IMPARFAIT* AND THE *PASSE COMPOSE* IN NARRATION

A. Si vous rêvez d'une véritable évasion, une croisière sur le *Maxim's des Mers* vous plaira à coup sûr (*for sure*). Lisez le passage suivant en mettant les verbes entre parenthèses soit au passé composé soit à l'imparfait selon le cas.

Le *Maxim's des Mers* n'est pas un navire énorme. Ses 50 mètres de long et 12.50 mètres de large m(e) (1)_____ (*surprendre*). Mais c'est l'intérieur qui surprend encore plus! Il (2)_____ (*être*) construit aux Etats-Unis pendant la seconde guerre mondiale et (3)_____ (*être*) à l'origine un mouilleur de mines (*minelayer*). Il (4)_____ (*dormir*) dans le port italien de Gênes depuis plusieurs années. Un jour, un groupe financier (5)_____ (*proposer*) à Pierre Cardin de renouveler l'image de la croisière traditionelle. Comme Cardin y (6)_____ (*penser*) depuis longtemps, il l(e) (7)_____ (*faire*) venir aussitôt à Toulon où il l(e)

5 Les voyages et l'évasion

NOM_____   DATE_____

(8)_____ (*métamorphoser*) en l'incroyable *Maxim's*, ce célèbre établissement de la rue Royale à Paris.

On dit que le *Maxim's des Mers* ne serait pas ce qu'il est s'il n'avait pas pour commandant cet homme au charme méridional qui (9)_____ (*naviguer*) sur toutes les mers du globe. Toujours est-il que (*Anyhow*) le *Maxim's des Mers* comporte seize suites. La mienne, dans son décor extraordinaire, avait un lit de deux mètres sur deux. Mais la plus grande surprise a été la salle de bains avec son immense baignoire jacuzzi. De ma suite, deux portes vitrées (10)_____ (*donner*) accès à la terrasse où j(e) (11)_____ (*prendre*) trois fois mon petit déjeuner au soleil du matin et c'est là aussi que j(e) (12)_____ (*boire*) mon dernier verre en rêvant aux étoiles. En fin de croisière j'ai même pu y faire des achats. D'ailleurs tout ce qui est sur le bateau peut s'acheter et moi, j(e) (13)_____ (*acheter*) de la porcelaine et des couverts (*silverware*).

Si donc dans le passé vous (14)_____ (*vouloir*) faire un tel voyage, renseignez-vous, cela en vaut la peine.

B. **Une rencontre incroyable!** Regardez les images à gauche et imaginez l'histoire en complétant les phrases suivantes. Employez le passé composé ou l'imparfait selon le cas.

1. Un soir d'été, quand j'avais huit ans, il

_____ un temps bizarre.

Une soucoupe volante _____

_____

_____

5 *Les voyages et l'évasion*

2. Et en effet, ce soir-là, à huit heures juste,
_____
_____
_____

3. Je _____
_____

Lui, il _____
_____

4. Mais j(e) _____ très peur
_____
_____

5. Je tremblais et je _____
_____
_____

60   5 *Les voyages et l'évasion*

NOM_____ DATE_____ 61

6. Je _____
_____
_____

7. Soudain, j'ai entendu ma mère. Elle
_____
_____

et je me suis rendu compte que cette histoire

n(e) _____ qu'un rêve.

Antoine, lève-toi!

14. ADVERBS

A. **L'avion, le meilleur moyen de transport.** Récrivez les phrases suivantes en transformant les adjectifs donnés en adverbes et en les mettant à l'endroit qui convient dans la phrase.

MODELE: L'avion est un moyen de transport rapide. (*tout simple*) -->
L'avion est tout simplement un moyen de transport rapide.

1. Beaucoup de gens ont commencé à s'inquiéter à cause du trafic aérien.

   (*récent*)_____

2. En réalité, il n'y a pas d'accidents. (*pratique*)

   _____

3. C'est vrai qu'il faut attendre sur la piste avant de décoller.

   (*patient*)_____

4. Il y a des vols (*flights*) sur toutes les villes. (*actuel*)

   _____

5 Les voyages et l'évasion

5. Les tarifs changent selon les saisons. (*constant*)

_____

6. On trouve des places. (*normal, facile*)

_____

7. On ne nous nourrit pas. (*nécessaire, bon*)

_____

8. Les hôtesses vous parlent. (*gentil*)

_____

9. Il y a des sections pour ceux qui ne fument pas. (*heureux*)

_____

10. On recommande de manger la veille (*day before*) d'un voyage en

    avion. (*petit*) _____

B. **Un voyage dont je rêve.** Remplacez les tirets par les mots en marge. Attention: Si le choix est un adjectif, transformez-le d'abord en adverbe.

Depuis (1)_____ je rêve de faire un voyage en

Australie. C'est un pays qui me fascine (2)_____.

| absolu |
| bientôt |
| énorme |
| longtemps |

J'ai lu (3)_____ tout sur les Aborigènes et je

voudrais y aller (4)_____.

Je travaille (5)_____ à plein temps pour pouvoir

me payer le voyage, mais comme je suis étudiant dans ma

| assez |
| presque |
| régulier |
| vrai |

dernière année, je ne veux (6)_____ pas abandonner

mes études. Je mets (7)_____ de l'argent de côté et

quand j'aurai fait (8)_____ d'économies, je vais

me renseigner sur le prix du voyage.

J'ai (9)_____ renoncé aux sorties au cinéma, à

l'achat de disques et d'autres frivoleries. (10)_____

| aussi |
| déjà |
| dernier |
| impatient |
| récent |

j'ai lu un article sur l'Australie qui parlait

(11)_____ des recherches qu'on a faites

(12)_____ sur les kangourous. Tout cela me passionne

et j'attends (13)_____ le jour de mon départ.

5 *Les voyages et l'évasion*

NOM_____ DATE_____

RECAPITULATION

Une publicité attrayante. Les phrases ci-dessous font partie d'un passage entier. Récrivez-les en mettant les verbes aux temps convenables. Employez des adverbes, selon votre choix, pour embellir l'histoire. Suggestions: **bien, courant, égal, extrême, immédiat, seul, particulier, tellement, très**. (Attention: Si c'est un adjectif, n'oubliez pas de le changer en adverbe.)

1. L'année dernière, une agence de voyage / annoncer dans une brochure attrayante qu'on / pouvoir visiter la fabuleuse capitale de l'Egypte

   _____
   _____
   _____

2. Elle / inviter les vacanciers à passer quinze jours dans un hôtel quatre étoiles avec piscine près des pyramides pour 3 990 F

   _____
   _____
   _____

3. Je / se renseigner et je / partir pour trois semaines

   _____
   _____
   _____

4. Je / vouloir des vacances au soleil, et c'est en Egypte que je les / trouver

   _____
   _____
   _____

5 Les voyages et l'évasion 63

5. Quand j'étais là, il / faire chaud, mais les hôtels / être doté d'une bonne climatisation

_____

_____

_____

6. Un jour, je / faire une croisière sur le Nil avec un guide qui / parler français

_____

_____

_____

7. Je / rentrer enchanté de mon voyage

_____

_____

COMPOSITION FRANÇAISE

Souvenirs d'enfance. Racontez, dans un bon paragraphe, une expérience que vous avez eue quand vous étiez petit(e). Quel âge aviez-vous? Où étiez-vous? Qui était avec vous? Quelle a été la réaction de vos parents? Qu'est-ce qu'ils ont dit ou fait?

NOM_____ DATE_____

6 BIEN DANS SA PEAU

Première partie
EXERCICES ORAUX

I. A VOUS LA PAROLE

A. **Le son [o]**. Ecoutez et répétez.

au	grosse
peau	gauche
beau	plutôt
chose	numéro
dos	Rose

B. **Le son [ɔ]**. Ecoutez et répétez.

bonne	école
pomme	notre
molle	grogne
sotte	docteur
note	téléphone

C. **Le son [o] VS le son [ɔ]**. Ecoutez et répétez.

côte	cotte
nôtre	notre
paume	pomme
saute	sotte
Beaune	bonne
Beauce	bosse
sauf	étoffe
aube	robe

D. **Dialogue**. Ecoutez et répétez chaque ligne du dialogue. Faites bien la différence entre [o] et [ɔ].

—Je ne suis pas bien dans ma peau. J'ai mal au dos, aux os et aux côtes gauches.
—Grosse sotte. Ne grogne pas. Téléphone plutôt au docteur.
—Sa bonne dit qu'il est à Beaune.
—Tiens, voici le numéro de notre docteur.
—Que tu es bonne, Rose!

II. EXERCICES EN CONTEXTE

*A. Mme Laroche explique les secrets de sa longévité. Transformez ses conseils selon le modèle.

---
*Activities in this section that are preceded by an asterisk can be done in class, as well as in the laboratory, for additional practice.

           MODELE: Je mangeais des yaourts tous les jours. -->
                   Alors, mangeons des yaourts!

           1. ...   2. ...   3. ...   4. ...

*B. Deux amis parlent de leurs habitudes alimentaires. Répondez aux questions
    en utilisant un pronom d'objet direct selon le modèle.

       MODELE: Aimes-tu *la cuisine américaine?* (oui) -->
               Oui, je l'aime.

       1. Prends-tu régulièrement *ton petit déjeuner?* (non)
       2. Vas-tu prendre *le déjeuner* aujourd'hui? (oui)
       3. Est-ce que tes amis préfèrent *la cuisine minceur?* (non)
       4. Tes amis et toi, aimez-vous *les plats végétariens?* (non)

*C. Rémi parle avec son conseiller. Répondez aux questions en utilisant un
    pronom d'objet direct ou indirect, selon le modèle.

       MODELE: Rémi, est-ce que tes parents *t'*écoutent? (non) -->
               Non, ils ne m'écoutent pas.

       1. Est-ce que tu essaies de plaire *à tes parents?* (non)
       2. Est-ce que la vie universitaire *te* gêne? (non)
       3. Est-ce que tu envoies des lettres *à ta mère?* (oui)
       4. Est-ce que tu *me* dis la vérité? (oui)

*D. Vous parlez de votre cure (*stay at a spa*) à Vichy. Votre camarade
    vous pose des questions. Répondez par oui ou non en utilisant les pronoms
    y et **en**. Suivez le modèle.

       MODELE: Tu es allé *à Vichy?* (oui) -->
               Oui, j'y suis allé.

       1. Est-ce que tu *t'*es rendu *à la source?* (oui)
       2. As-tu fait *des randonnées?* (oui)
       3. Est-ce que tu *t'*es promené *dans le parc?* (non)
       4. As-tu bu beaucoup *d'eau minérale?* (oui)
       5. As-tu acheté *des souvenirs?* (non)

 E. Vous faites des achats dans une pharmacie. Faites des phrases en
    utilisant plusieurs pronoms convenables, selon le modèle.

       MODELE: Le pharmacien montre *des pastilles à la dame.* -->
               Il lui en montre.

       1. Il vend *du dentifrice au jeune homme.*
       2. Il montre *les nouveaux produits à mon frère et à moi.*
       3. Il offre *la meilleure lotion aux clients.*
       4. Il recommande *les vitamines B et C à ton frère et à toi.*

III. DICTEE

Vous êtes engagé(e) pour vous occuper d'un jeune garçon. Ecoutez les conseils
des parents. Ecoutez la dictée une première fois sans écrire. Ensuite,
écoutez la dictée une deuxième fois en écrivant les mots qui manquent.

NOM_____ DATE_____

1. _____ Billy au lit de bonne heure. Il va _____

   de _____ regarder la télé.

   _____.

2. _____ de bonbons.

3. _____ de se brosser les dents.

4. _____, mais n'hésitez pas à crier s'il

   _____

5. _____! Il y a des boissons dans le réfrigérateur.

6. _____ la maison. L'odeur des cigarettes

   _____.

7. Si les Dupont téléphonent, _____ que nous

   _____ vers minuit et que _____

   rappellerons _____.

8. En cas d'urgence, _____ 25-10-80.

IV. A L'ECOUTE

Qu'est-ce que le docteur a dit? Ecoutez les conseils du Dr. Toubib à ses cinq patients. Puis faites un résumé de ce que le docteur a dit en complétant les phrases suivantes en anglais. On va vous donner du temps pour compléter les phrases après chaque conseil. Vous allez les entendre deux fois. Voici quelques mots utiles.

l'ordonnance	*prescription*
les pastilles	*lozenges*
le formulaire	*form*
exiger	*to require*
sain	*healthy*
courbatures (f.)	*stiffness*
douloureuses (f. pl.)	*painful*

On the basis of the advice you hear, complete the following sentences in English.

1. Dr. Toubib tells M. Monvoisin that he has _____.

   He advises him to _____

   _____.

6 Bien dans sa peau

2. Dr. Toubib tells M. Tallois that _____
   _____. He suggests _____
   _____ and tells him he is going to
   _____.

3. Dr. Toubib's diagnosis for Mme Gibrat is that she
   _____. He prescribes _____
   and advises her to _____.

4. Mlle Martinet went to the doctor because _____
   _____. The doctor said that
   _____
   He wishes that _____.

5. George went to the doctor because _____
   _____. The doctor prescribes _____
   and tells him to _____.
   If he still has problems next week, he should _____.

Deuxième partie
EXERCICES ECRITS
Grammaire en contexte

15. THE IMPERATIVE

A. Beaucoup de gens disent que le jogging est un sport qui fait qu'on se sent bien dans sa peau. Voici les conseils d'un "joggeur" à un débutant. Remplacez les tirets par les verbes en marge en les mettant à l'impératif. Faites attention à la personne nécessaire.

Si tu n'as jamais fait de course à pied,

(1) _____ de shorts spéciaux, mais

(2) _____ surtout de bonnes chaussures.

(3) _____ avant de courir.

| acheter |
| ne pas acheter |
| ne pas manger |

NOM_____ DATE_____

(4)_____ de bonne heure pendant qu'il fait

encore frais. (5)_____ tes muscles en faisant

des exercices. (6)_____ du jus d'orange ou de

l'eau. Surtout (7)_____ de café! Si

toi et tes amis décidez de courir le soir,

(8)_____ le coucher du soleil.

| attendre |
| boire |
| ne pas boire |
| détendre |
| se lever |

   Joggeurs, (9)_____ courtois envers les

piétons (*pedestrians*)! (10)_____ de bonnes

manières! Aussi, (11)_____ là où il y

a trop de voitures.

| avoir |
| être |
| ne pas courir |

   Allez! toi et moi, (12)_____ ensemble demain

matin; (13)_____ vers cinq heures et

demie et (14)_____ deux bons kilomètres.

| courir |
| faire |
| se lever |

B. Que nous soyons au volant d'une voiture, dans la rue ou dans un endroit public, on nous bombarde constamment d'ordres! Regardez les signaux ci-dessous et dites, en employant un verbe à l'impératif, ce qu'ils nous disent de faire.

   MODELE: Traversez la rue!

1. _____

2. _____

6 Bien dans sa peau   69

[No smoking sign]

3. _____

SENS INTERDIT

4. _____

Silence Hôpital

5. _____

CEINTURE DE SECURITE

6. _____

[60 speed limit sign]

7. _____

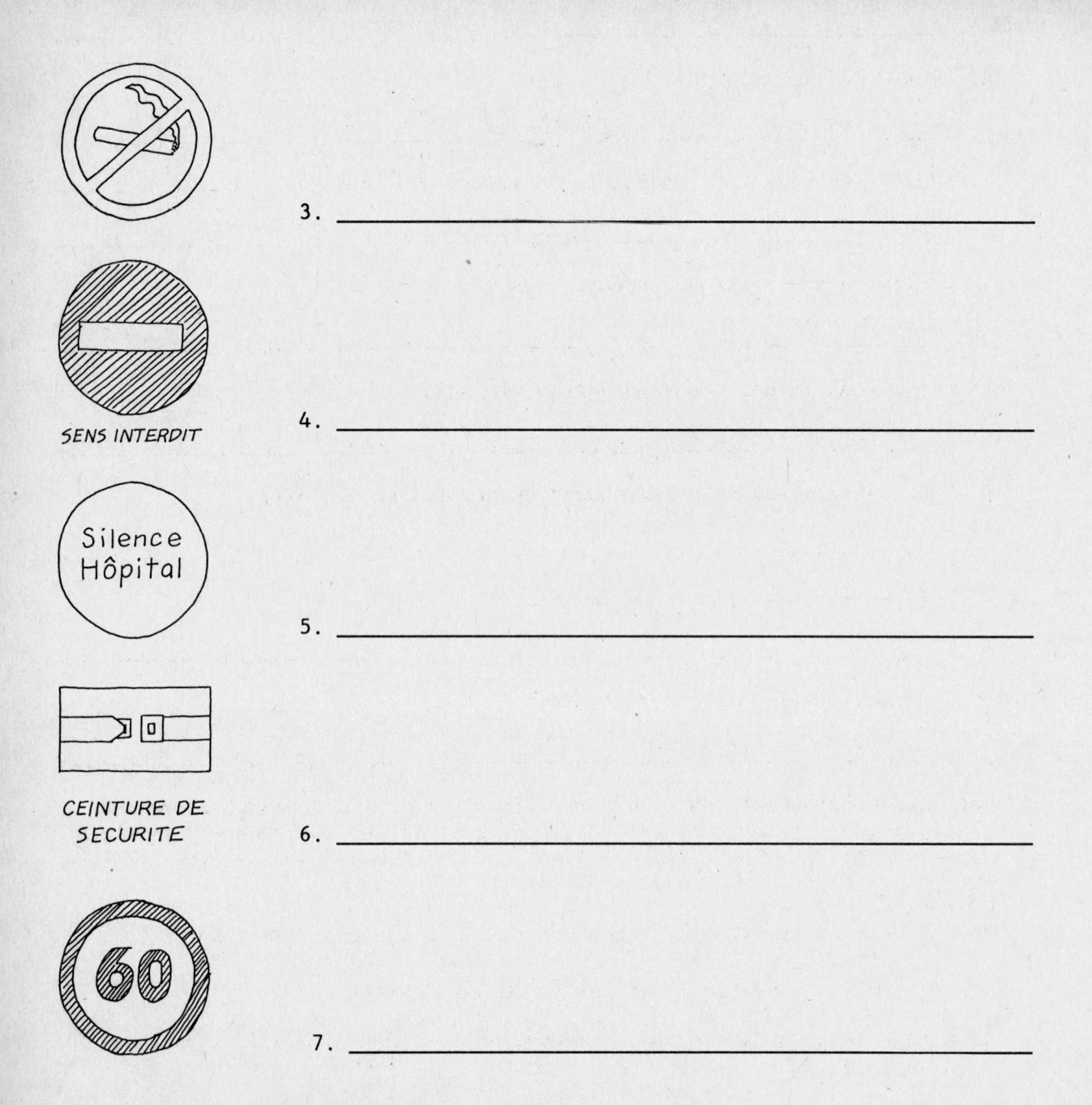

16. DIRECT AND INDIRECT OBJECTS

A. **Une forte dose de publicité.** Alors qu'elle feuillette (*leafs through*) un magazine français, Marianne répond ironiquement à toutes les questions qu'on y pose. Formulez ses réponses en employant des pronoms compléments d'objet direct. N'oubliez pas de faire les changements nécessaires.

   MODELE: Avez-vous essayé les savons du Petit Marseillais? -->
   Ah, oui, je les ai essayés.

   1. Vous aimez-vous comme vous êtes?

   _____

70   6   *Bien dans sa peau*

NOM_____ DATE_____

2. Aimez-vous le soleil?

   _____

3. Aimez-vous prendre le petit déjeuner dès que vous vous levez?

   _____

4. Voulez-vous essayer les crèmes Vichy?

   _____

5. Aimez-vous la mer, le vent salé et le soleil?

   _____

6. Vous lavez-vous les cheveux avec un shampooing au lait?

   _____

7. Vous soignez-vous la peau?

   _____

8. Avez-vous vu les teints d'été Chanel?

   _____

B. Nous sommes tous attirés par la publicité qui traite de notre bien-être. Il y a cependant des questions qu'on devrait se poser là-dessus. Répondez aux questions suivantes en remplaçant les compléments d'objet indirect par un pronom complément d'objet indirect.

   MODELE: Est-ce que vous parlez *à vos amis* des produits que vous aimez? -->
   Oui, je *leur* parle des produits que j'aime.

   1. Avant d'acheter une crème, demandez-vous *à la vendeuse* de l'essayer un peu?

      _____

   2. En général, posez-vous beaucoup de questions *aux vendeurs* avant d'acheter?

      _____

   3. Est-ce que vous rapportez la marchandise *au vendeur* quand vous n'êtes pas satisfait(e)?

      _____

   4. Quand une crème est excellente, écrivez-vous *au fabricant*?

      _____

6 Bien dans sa peau 71

5. Hésitez-vous à dire *à la vendeuse* qu'une crème n'est pas bonne?

   _____

6. Téléphonez-vous *à la compagnie* quand un produit est excellent?

   _____

7. Servez-vous *à vos amis* et *à votre famille* des produits alimentaires qui ne font pas grossir?

   _____

8. En cas d'insomnie, *vous* préparez-vous une tisane comme on dit à la télé?

   _____

17. THE PRONOUNS *Y* AND *EN*

Marianne est allée voir son médecin. Répondez aux questions que lui pose le médecin en employant les pronoms **y** et **en** selon le cas. Faites attention aussi aux **oui** et aux **non**.

1. Mangez-vous des <u>légumes et des fruits</u>?

   Oui, _____

2. Prenez-vous <u>de l'aspirine</u> quand vous avez mal à la tête?

   Oui, _____

3. Avez-vous jamais pris d'autres <u>médicaments</u>?

   Non, _____

4. Vous faites-vous <u>de la tisane</u> quand ça ne va pas?

   Oui, _____

5. Allez-vous de temps en temps <u>à la montagne</u>?

   Oui, _____

6. Faites-vous <u>de la gymnastique</u>?

   Oui, _____

7. Allez-vous <u>à la salle de gymnastique</u> régulièrement?

   Oui, _____

8. Aimez-vous faire <u>du ski</u>?

   Oui, _____

72   *6 Bien dans sa peau*

NOM_____   DATE_____

9. Est-ce que vous pensez <u>à des vacances dans les Alpes</u>?

   Non, _____

10. Avez-vous jamais essayé de faire <u>du cheval</u>?

   Non, _____

18. DISJUNCTIVE PRONOUNS

Etre bien dans sa peau? Plus on lit de journaux plus on se rend compte de son bien-être. Remplacez les tirets par un pronom disjonctif.

Les journaux, la publicité, les questionnaires. C'est peut-être bien à cause d(e) (1)_____ que nous sommes si conscients de notre bien-être. La publicité, (2)_____ par exemple, ne cesse de nous dire comment soigner notre peau, nos cheveux ou comment maintenir notre poids. Les réclames (*f.*) nous montrent toujours des peaux lisses (*smooth*) et douces, et grâce à (3)_____ nous achetons des produits de beauté car nous voulons en avoir de pareilles. Les crèmes de beauté ne sont plus seulement pour les femmes, mais pour les hommes aussi. Nous lisons:

   Pour (4)_____: "Facial homme", "After-skin calmer"

   Pour (5)_____: "Crème hydro-hydratante", "Formule
                        régénérante féminine"

Comme le dit un article, même si vous êtes un peu dépassé par les produits de beauté qui s'offrent à (6)_____, votre curiosité, (7)_____, est éveillée car (8)_____, lecteurs et lectrices, nous tenons tous à améliorer notre vie. (9)_____ personnellement j'ai été inspirée plus d'une fois par une de ces réclames.

19. ORDER OF OBJECT PRONOUNS

A. **Mincir est à l'ordre du jour!** Charles, obsédé par son poids, cherche un régime à son goût. Reprenez chacune des phrases ci-dessous en remplaçant les compléments d'objet direct et indirect par des pronoms convenables. Faites attention à l'ordre des pronoms et à l'accord du participe passé.

MODELE: Charles a mentionné à son amie qu'il est obsédé par son poids. -->
        Charles le lui a mentionné.

1. Charles a dit à son amie qu'il n'aime pas les yaourts.
   _____

2. Elle a donné à Charles la recette du régime.
   _____

3. Il a donné les renseignements sur son mode de vie à un ordinateur.
   _____

4. L'ordinateur a donné la solution à Charles.
   _____

5. L'ordinateur a conseillé à Charles le régime Mince-Vite.
   _____

6. L'ordinateur établit à ces personnes le régime pour quinze jours.
   _____

B. Quand il s'agit de santé, beauté ou bien-être, certaines personnes ont toujours une réponse ou un conseil à donner. Reconstituez les phrases en mettant les mots donnés dans leur ordre correct.

MODELE: De ce régime? parlé / je / en / lui / ai -->
        Je lui en ai parlé.

1. Chez le médecin? y / allée / je / eux / avec / suis
   _____

2. Des problèmes? pas / nous / parlé / ne / en / avons / lui
   _____

3. Ce produit? a / il / déjà / le / essayé
   _____

4. Du yaourt? en / souvent / vous / trop / mangez
   _____

5. Du soleil à la plage? toujours / y / il / trop / a / en
   _____

6. Vous souffrez du stress? cause / être / en / la / poids / votre / peut
   _____

74   6 *Bien dans sa peau*

NOM_____   DATE_____

7. Des vitamines? lui / acheté / en / ai / je

   _____

8. Jeanne a des problèmes? leur / le / dit / pas / vous / avez / ne

   _____

9. Cette crème? je / conseille / la / vous / vivement

   _____

10. Des conseils diététiques? beaucoup / a / en / il / y

    _____

RECAPITULATION

A. Des centaines de rubriques, comme "Restez en forme" ou "Conseils beauté", nous offrent conseils après conseils. Mais avant, c'est toujours à une question précise qu'il faut répondre. En voici quelques-unes. Répondez-y affirmativement ou négativement selon le cas en employant des pronoms.

   1. Mangez-vous trois repas par jour?

      Oui, _____

   2. Faites-vous du sport régulièrement?

      Non, _____

   3. Faites-vous attention à votre poids?

      Oui, _____

   4. Vous pesez-vous tous les jours?

      Non, _____

   5. Allez-vous souvent au bord de la mer?

      Oui, _____

   6. Restez-vous longtemps au soleil?

      Non, _____

   7. Employez-vous des ambres (*oils*) solaires?

      Oui, _____

6 *Bien dans sa peau*   75

8. Vous opposez-vous aux risques de vieillissement de la peau par le soleil?

   Oui, _____

9. Mangez-vous des fruits tous les jours?

   Oui, _____

10. Aimez-vous les légumes crus (*raw*)?

    Non, _____

B. Aux Etats-Unis comme en France, on se soucie de son bien-être. Les journaux, la radio, la télévision nous disent à peu près la même chose. Donnez l'équivalent français des expressions suivantes.

1. Use it (the cream) every day!

   _____

2. Give us a call!

   _____

3. Go there today!

   _____

4. Wait for them (the new products)!

   _____

5. Listen to him (your doctor)!

   _____

6. Eat (fruit) as much as you want!

   _____

7. Talk about it with your dietician (*diététicien*)!

   _____

8. Order a bottle of it today!

   _____

C. Un lecteur écrit à un journal au sujet d'un article sur la nutrition et le bien-être. Remplacez les tirets par des pronoms.

J'ai lu votre article sur l'équilibre de la nutrition et je ne suis pas d'accord avec (1)_____. Vous dites que pour "être bien dans son assiette" il suffit de regarder ce qu'on a dans son assiette. Eh

NOM_____ DATE_____

bien, je ne vais pas (2)_____ voir grand-chose! Et votre régime, (m.), je ne pense pas pouvoir (3)_____ suivre. Des livres sur la nutrition, j(e) (4)_____ ai lu beaucoup, et aucun d(e) (5)_____ ne conseille de manger aussi peu que vous (6)_____ faites dans votre article. Vous parlez d'une balance (scale) et suggérez qu'il faut (7)_____ acheter une. Tous les aliments, selon vous, il faut (8)_____ peser puisque cette fameuse balance (9)_____ indique en même temps tous les glucides, lipides, protides, etc., etc. Mais c'est fou! Je ne pourrai jamais (10)_____ faire. Vous dites que cette balance est belle et intelligente et qu'elle va (11)_____ étonner. Dites-(12)_____ plutôt s'il n(e) (13)_____ a pas une autre méthode.

COMPOSITION FRANÇAISE

Etre bien dans sa peau. Que veut-on dire par cette expression? Quels sont les facteurs qui contribuent à notre bien-être? Que peut-on faire pour se sentir bien physiquement, moralement et psychologiquement? Ecrivez deux paragraphes où vous exprimez votre point de vue tout en donnant des conseils convenables.

NOM_____ DATE_____

7 LE VINGT ET UNIEME SIECLE

Première partie
EXERCICES ORAUX

I. **A VOUS LA PAROLE**

A. **Tension de la voyelle: Le son [i].*** Ecoutez et répétez. Attention à l'égalité des syllabes.

si	agonie
souci	macaroni
dissocie	dit
aristocratie	jeudi
nid	maladie
fourni	orthopédie

B. **Tension de la voyelle: Le son [o].**** Ecoutez et répétez. Attention à l'égalité des syllabes.

sot	Figaro
ruisseau	pot
arbrisseau	drapeau
rot	à propos
tarot	

C. **Discrimination auditive.** Ecoutez les mots suivants et cochez la case correcte pour indiquer s'ils sont anglais ou français. (Les réponses se trouvent en appendice.)

	anglais	français
1.		
2.		
3.		
4.		
5.		
6.		

---

*There are no diphthongs in French. Keep your muscles tense. Do not move your tongue or lips in any way.
**Do not move your tongue or lips while making this sound.

7 *Le vingt et unième siècle*

	anglais	français
7.		
8.		
9.		
10.		

II. EXERCICES EN CONTEXTE

A. **Une amie vous prédit l'avenir.** Mettez les verbes *au futur simple* selon le modèle.

   MODELE: Tu épouses une actrice. --> Tu épouseras une actrice.

   1. ...   2. ...   3. ...   4. ...

B. **Vous assistez à un congrès de futurologues.** Mettez les verbes *au futur simple*.

   MODELE: Il y a de grands changements. -->
           Il y aura de grands changements.

   1. ...   2. ...   3. ...   4. ...   5. ...   6. ...

C. **Comment sera le monde en l'an 2200?** Mettez les verbes *au futur antérieur*.

   MODELE: Le monde évolue d'une manière positive. -->
           Le monde aura évolué d'une manière positive.

   1. Les savants deviennent maîtres du monde.
   2. La paix s'impose grâce à l'O.N.U.
   3. La technologie crée de nouveaux emplois.
   4. La pauvreté disparaît partout dans le monde.
   5. La population augmente de plusieurs milliards.

D. **Voici des événements que Nostradamus a prédits il y a plus de 400 ans.** Regardez le tableau suivant et répondez aux questions selon le modèle.

   MODELE: Quand a eu lieu l'assassinat d'Henri III? --> En 1589.

1589	assassinat d'Henri III
1793	exécution de Louis XVI
1769	naissance de Bonaparte
1809	second mariage de Napoléon
1815	bataille de Waterloo
1917	révolution russe
1933	prise du pouvoir par Hitler

   1. ...   2. ...   3. ...   4. ...   5. ...   6. ...

NOM_____ DATE_____

E. **Quelle est la date de demain?** Suivez le modèle.

   MODELE: Aujourd'hui, c'est le lundi 12 septembre. —>
   Demain, ce sera le mardi 13 septembre.

   1. ...   2. ...   3. ...   4. ...   5. ...

F. **Monique se renseigne sur les horaires des trains.** Regardez le tableau suivant et répondez aux questions selon le modèle. Utilisez la forme officielle et la forme familière.

   MODELE: A quelle heure part le train pour Paris? —>
   Il part à 16 h 55, c'est-à-dire à cinq heures moins cinq.

<u>Destination</u>	<u>Départ</u>
Paris	16 h 55
Lyon	20 h 51
Avignon	22 h 55
Toulouse	13 h 22
Marseille	12 h 05
Nice	17 h 28

   1. ...   2. ...   3. ...   4. ...   5. ...

III. DICTEE

Ecoutez la dictée une première fois sans écrire. Ensuite, écoutez-la une deuxième fois en écrivant les mots qui manquent.

   Qu'est-ce que l'avenir nous réserve? Quel genre de vie _____?

En l'an 2200, les villes _____

encloses dans des bulles de plastique géantes qui les _____

de la pollution. Les enfants _____ à l'école parce que

tout le monde _____ qui _____ le

professeur. La structure de la famille _____

radicalement et le foyer tel que nous le connaissons _____.

Les savants _____ les maîtres du monde parce qu'ils

_____ un moyen de contrôler nos pensées. Quant à la

guerre nucléaire dont nous avons tous peur, elle éclatera très loin dans

l'espace et les humains _____.

Ces prévisions _____ ou sont-elles
fantaisistes? Qui vivra verra.

IV. A L'ECOUTE

Vous allez entendre une interview avec Denis, un étudiant français. Ecoutez deux fois l'interview, arrêtez la bande et faites l'exercice de compréhension dans votre cahier de laboratoire. Voici quelques mots utiles.

ancré	*anchored*
forcément	*necessarily*
les bosses	*bumps (in a road)*

Maintenant, prenez quelques secondes pour regarder les questions de compréhension dans votre cahier.

Avez-vous compris?

Some of the predictions below reflect Denis's view of the future for France in the 21st century; others do not. Cross out any statements below that you did *not* hear Denis make in the interview.

1. The acceptance of home computers in French life will progress rather slowly in the coming years.

2. In France, people who have a phone get a free computer called the Minitel, which is supplied by the P.T.T.

3. Medical services are currently provided free through the Minitel network.

4. French society will probably become somewhat more puritanical in the coming years.

5. Most French homes will be powered by solar energy by the year 2000.

6. Cars in the 21st century will roll effortlessly along flat, straight highways.

7. Electronic games will replace television viewing in the French home.

8. Rapid transit systems will be vastly improved, making travel through France and Europe possible in a matter of a few hours.

NOM_____ DATE_____

Deuxième partie
EXERCICES ECRITS
Grammaire en contexte

20. THE *FUTUR SIMPLE*

A. Que pensez-vous de notre avenir? Complétez les phrases suivantes en ajoutant vos propres idées. Faites toujours attention à la forme du verbe.

1. Aujourd'hui certaines choses se font encore à la main; mais en l'an 2000 _____

2. De nos jours on meurt déjà assez vieux; mais dans cinquante ans _____

3. Aujourd'hui les médecins ont parfois beaucoup de difficulté à trouver des organes humains; au XXIe siècle _____

4. Dans certains pays, comme au Japon, les médecins utilisent déjà du sang synthétique; au XXIe siècle on _____

5. Aujourd'hui un voyage en Concorde est extrêmement cher mais aussi extrêmement rapide; dans vingt ans _____

6. Aujourd'hui, beaucoup de familles, mais pas toutes, possèdent un ordinateur. Dans vingt-cinq ans _____

7. Depuis longtemps déjà, certaines universités offrent un diplôme par correspondance; dans quelques années _____

8. L'invention la plus importante au XXIe siècle _____

7 Le vingt et unième siècle

B. Daniel est un futurologue optimiste et plein de sentiments altruistes. Reconstituez, d'après ses réponses, les questions qu'on lui a posées. Employez le futur proche dans vos questions.

MODELE: Est-ce qu'il va y avoir encore des guerres? —>
Non, il n'y aura plus de guerres.

1. _____
Non, j'espère que personne n'aura plus faim.

2. _____
Oui, il faudra toujours travailler mais moins dur.

3. _____
Non, on n'emploiera plus d'argent liquide (cash).

4. _____
On fera tous nos achats par ordinateur.

5. _____
L'énergie nucléaire remplacera le pétrole.

6. _____
La journée du travailleur finira à une heure de l'après-midi.

7. _____
Non, les pays n'auront plus besoin d'armées.

8. _____
On ira de pays en pays tout à fait librement.

C. Mireille lit les notes futuristes de son amie Margaret. Elle essaie de les exprimer en français. Aidez-la.

1. When I am older and we are in the year 2000, everything will be better.

_____

_____

2. As soon as we discover a new fuel (carburant), we will build bigger cars.

_____

_____

3. I will want to take a trip in a spaceship (vaisseau spatial) when they invite the public to participate again.

_____

_____

NOM_____ DATE_____

4. There will be energy crises as long as there are people on earth.

_____

_____

5. I will buy my personal plane as soon as I can.

_____

6. People will not buy more computers as long as they remain so complicated.

_____

_____

21. THE *FUTUR ANTERIEUR*

A. **Et vous?** Pouvez-vous prédire ce que vous aurez accompli en l'an 2025? Répondez aux questions ci-dessous en employant le futur antérieur dans vos réponses.

1. Aurez-vous été marié(e) depuis longtemps?

_____

2. Aurez-vous eu beaucoup d'enfants?

_____

3. Vos enfants auront-ils appris une langue étrangère?

_____

4. Aurez-vous voyagé dans tous les états de l'Amérique du Nord?

_____

5. Vos amis de lycée auront-ils continué à vous rendre visite?

_____

6. Votre famille aura-t-elle changé son style de vie?

_____

7. Vous serez-vous rendu compte de tous les changements?

_____

8. Quels luxes vous serez-vous offerts?

_____

7 Le vingt et unième siècle

9. Aura-t-on permis à vos enfants de conduire une voiture à l'âge de douze ans?

   _____

10. Aurez-vous acheté une grande maison confortable?

    _____

B. Une voyante, qui exagère sans doute, peint une image bien effrayante du monde en l'an 2084. Choisissez d'abord le verbe qui convient, puis mettez-le au futur simple ou au futur antérieur selon le cas. Vous pouvez employer certains verbes plus d'une fois.

   1. L'oxygène _____ entièrement consommé et on ne _____ plus respirer.

   | avoir |
   | disparaître |
   | être |
   | mourir |
   | perdre |
   | pouvoir |

   2. Les arbres _____ toutes leurs feuilles.

   3. Les rivières _____. Il n'y _____ plus d'eau.

   4. Le monde _____ surpeuplé et les hommes _____ de faim.

   5. Une seule nation _____. Les frontières des pays _____.

   | changer |
   | disparaître |
   | évoluer |
   | être |
   | faire |
   | survivre |

   6. Les hommes qui _____ _____ comme des automates.

   7. Le climat _____ et il _____ très chaud sur la terre.

22. NUMBERS, DATES, AND TIME

A. Dans toutes les prévisions, on emploie toujours des chiffres énormes. Lisez les expressions numériques suivantes et transcrivez-les en chiffres.

   1. cent soixante-trois   _____

   2. deux cent quatre-vingt-douze   _____

   3. deux mille neuf cent quatre-vingt   _____

   4. six cent soixante-seize   _____

   5. quatre mille un   _____

NOM_____ DATE_____

6. trois millions sept cent soixante-dix-sept   _____

7. onze cent vingt   _____

8. quinze cent cinquante-cinq   _____

B. Peut-on vraiment tout prédire? Et qui sait ce que sera la population de nos grandes villes? Lisez les chiffres suivants et écrivez en toutes lettres le chiffre qui représente le nombre d'habitants.

1. New York: 47 698 587   _____
_____

2. San Francisco: 33 723 142   _____
_____

3. Paris: 39 903 321   _____
_____

4. Tokyo: 67 543 988   _____
_____

5. Pékin: 1 899 478 555   _____
_____

C. On prévoit qu'au XXIe siècle, certaines chaînes de restauration *fast food* offriront des lots (*prizes*) incroyables. Regardez les lots suivants. Indiquez ensuite où se placent les gagnants selon les numéros indiqués. Ecrivez ce qu'ils gagneront selon le modèle.

MODÈLE: 15 --> Le quinzième gagnant recevra un poste de télé.

1.000.000.000F — 1 GAGNANT
(avion) — 1 GAGNANT
(voiture) — 1 GAGNANT
BILLETS D'AVION — 2 GAGNANTS
(voilier) — 2 GAGNANTS
(bateau) — 3 GAGNANTS
SAVON — 5 GAGNANTS
(chaîne stéréo) — 10 GAGNANTS
(radio) — 15 GAGNANTS
AFRIQUE — 20 GAGNANTS
CINEMA CINEMA — 30 GAGNANTS

7 *Le vingt et unième siècle*   87

1. 12 _____
2. 50 _____
3. 14 _____
4. 1 _____
5. 71 _____
6. 34 _____
7. 2 _____
8. 9 _____
9. 16 _____
10. 18 _____
11. 21 _____
12. 77 _____

D. En France, le jeu de charades se joue d'une manière entièrement différente du jeu aux Etats-Unis. Par exemple, on dira:

Mon premier est un métal précieux.
Mon deuxième est la troisième personne, singulier, du verbe **dîner**.
Mon troisième est une préposition avec une lettre seulement.
Mon quatrième est la vingtième lettre de l'alphabet.
Mon cinquième est un vingt-quatrième de la journée.
Mon tout est une machine nécessaire au futurologue.

Réponse: or – dîne – à – t – heure = ordinateur

Pouvez-vous créer une charade avec le mot **futurologie** ou **futurologue**?
Créez des charades originales à présenter à vos camarades.

E. Passé ou futur, il y aura toujours des dates à retenir. Trouvez les dates des événements suivants. Ecrivez la date telle qu'on la trouverait sur une lettre: le 15 décembre 1988, par exemple.

1. En novembre 2000, il y aura de nouvelles élections présidentielles aux Etats-Unis. Quand le nouveau président (ou la nouvelle présidente) prendra-t-il/elle le pouvoir? Donnez la date exacte.

   _____

2. En 2076, on observera le tricentenaire de l'indépendance des Etats-Unis. Quelle sera la date exacte de cette fête?

   _____

NOM_____ DATE_____

3. Et en 2089 les Français vont fêter le tricentenaire de la Révolution française. Quelle sera la date exacte?

   _____

4. Après 100 ans on se souviendra toujours de l'explosion de la bombe atomique sur Hiroshima. Quelle sera la date exacte de cette commémoration?

   _____

5. Quand êtes-vous né(e)?

   _____

RECAPITULATION

Jérôme s'intéresse beaucoup à la futurologie. Voici certaines choses qu'il a lues dans des revues et des journaux américains au sujet de l'avenir. Il essaie de les exprimer en français. Aidez-le. (Ecrivez en toutes lettres tous les chiffres.)

1. December 31, 1999, will be a beautiful day.

   _____

2. According to Nostradamus, a futurist of the 16th century, the world will have disappeared in 2001.

   _____

   _____

3. The optimists say that in the 21st century there will be no wars, no energy crises, and no diseases (*maladies*).

   _____

   _____

4. In the 22nd century, we will have used up (*épuiser*) all the natural gas (*gaz*), and we're going to use nuclear energy to heat our houses.

   _____

   _____

5. In the year 2000, everyone will know how to use a computer.

   _____

7 Le vingt et unième siècle

6. A computer will wake us up and say, for example: "Get up! It's 6:15."

_____

7. All students will have their own pocket computers.

_____

8. We will be able to choose among (*parmi*) 120 television channels.

_____

9. People will work only from 8:30 to 2:00.

_____

10. Doctors will have found a cure (*un remède*) for every disease.

_____

COMPOSITION FRANÇAISE

Et vous? Comment envisagez-vous votre avenir? Ecrivez un passage dans lequel vous direz où vous habiterez, ce que vous ferez comme travail, si vous serez marié(e), si vous aurez des enfants, si vous voyagerez à l'étranger, etc.

NOM_____   DATE_____

8 QUESTION D'ARGENT

Première partie
EXERCICES ORAUX

I. **A VOUS LA PAROLE**

A. **Les voyelles nasales: Le son [ɛ̃].*** Ecoutez et répétez.

   train   traîne
   main   mène
   sain   scène
   pain   peine
   européen européenne

B. **Discrimination auditive.** Vous allez entendre deux fois une série de huit mots. Cochez la colonne 1 si vous entendez une voyelle nasale [ɛ̃] et la colonne 2 si vous n'entendez pas de voyelle nasale. (Les réponses se trouvent en appendice.)

	1. [ɛ̃]	2. (pas de nasale)
1.		
2.		
3.		
4.		
5.		
6.		
7.		
8.		

C. **Le son [ɑ̃].** ** Ecoutez et répétez.

   dans   banque
   vacances   finance
   argent   entendu

D. **Discrimination auditive.** Vous allez entendre huit mots deux fois chacun. Cochez la colonne 1 si vous entendez le son [ɑ̃], la colonne 2 si vous entendez le son [ɛ̃] et la colonne 3 si vous n'entendez pas de voyelle nasale. (Les réponses se trouvent en appendice.)

------
  *Make the sound [ɛ] as in *mère* while simultaneously letting your breath escape through your nose and mouth.
  **Make the sound [ɑ] as in *papa*, letting your breath pass through your nose and mouth.

8 Question d'argent   91

	1. [ã]	2. [ɛ̃]	3. (pas de nasale)
1.			
2.			
3.			
4.			
5.			
6.			
7.			
8.			

E. **Le son [õ].*** Ecoutez et répétez.

non	tomber
ronde	façon
montons	compte

F. **Discrimination auditive.** Vous allez entendre dix mots deux fois chacun. Cochez la colonne 1 si vous entendez le son [õ], la colonne 2 si vous entendez le son [ã], la colonne 3 si vous entendez le son [ɛ̃] et la colonne 4 si vous n'entendez pas de son nasal. (Les réponses se trouvent en appendice.)

	1. [õ]	2. [ã]	3. [ɛ̃]	4. (pas de nasale)
1.				
2.				
3.				
4.				
5.				
6.				
7.				
8.				
9.				
10.				

---

*Round your lips. The opening must be a little larger than for [o]. Let the air pass through the nose and mouth.

NOM_____ DATE_____

II. EXERCICES EN CONTEXTE

*A. **Votre camarade cherche un emploi.** Elle revient d'une interview avec une compagnie qui vous a déjà interviewé(e).

   MODELE: J'ai demandé à voir M. Smith. -->
           J'avais demandé à voir M. Smith aussi.

   1. ...   2. ...   3. ...   4. ...   5. ...   6. ...

*B. **Les étudiants devraient être économes.** Transformez les phrases que vous entendez selon le modèle.

   MODELE: Nous devrions économiser notre argent. (on) -->
           On devrait économiser son argent.

   1. ...   2. ...   3. ...   4. ...

*C. **Chez les Dupont, tout le monde a mal utilisé son argent.** Dites ce qu'ils auraient dû faire s'ils avaient été plus raisonnables.

   MODELE: J'aurais pu ouvrir un compte en banque. (tu) -->
           Tu aurais pu ouvrir un compte en banque.

   1. ...   2. ...   3. ...   4. ...

D. **Nous cherchons des solutions à nos problèmes d'argent.** Transformez les phrases selon le modèle.

   MODELE: Si nous sortons moins souvent, nous ferons des économies. -->
           Si nous sortions moins souvent, nous ferions des économies.

   1. Si nous parlons moins au téléphone, nous gaspillerons moins d'argent.
   2. Si tu achètes moins de vêtements chic, tu auras plus d'argent.
   3. Vous économiserez de l'argent si vous dînez chez vous.
   4. Les gens dépenseront moins s'ils ne conduisent pas autant.

E. **Si j'étais riche... si j'avais été riche...** Transformez les phrases selon le modèle.

   MODELE: Si j'héritais une fortune, j'achèterais une nouvelle voiture. -->
           Si j'avais hérité une fortune, j'aurais acheté une nouvelle voiture.

   1. Si j'héritais une fortune, tout le monde viendrait me voir.
   2. Si je gagnais à la loterie, je donnerais de l'argent aux pauvres.

---

*Activities in this section that are preceded by an asterisk can be done in class, as well as in the laboratory, for additional practice.

3. Tu serais heureux si tu trouvais un trésor!
4. Mon ami construirait une nouvelle maison s'il avait un meilleur emploi.

III. DICTEE

Vous êtes en train d'écouter la radio. Ecoutez le reportage une première fois sans écrire. Ensuite, écoutez-le une deuxième fois en écrivant les mots qui manquent.

    Nous _____ notre programme pour vous présenter un reportage exclusif. _____ l'Agence France-Presse, la Société I.B.M. _____ son intention d'installer une usine dans la petite ville de Longeville. La nouvelle usine _____ 800 _____ et techniciens, ce qui _____ _____ de se développer d'une façon phénoménale.

    Interrogé par les journalistes, le maire de Longeville _____ : "_____ _____!

Nous _____ rivaliser avec les gros centres commerciaux." Selon notre correspondant, la prospérité _____ assurée. En effet, _____ grosses sociétés _____ la possibilité de _____ à Longeville. _____ de Radio-France. Nous vous tiendrons au courant _____.

IV. A L'ECOUTE

Paulette et Jacqueline partagent un appartement. Elles se disputent parfois à cause du budget mensuel. Ecoutez deux fois leur conversation et remplissez le tableau ci-dessous avec les renseignements qui manquent. Vous pouvez donner votre réponse en français ou en anglais comme vous voulez. Voici quelques mots utiles.

    la facture   *bill*
    le loyer   *rent*
    allumée   *"on" (electricity)*
    le noir   *the dark*

NOM_____ DATE_____

Fill in the chart below as you listen to the conversation between Paulette and Jacqueline. You may fill in the items in English or in French. (The answers can be found in the back of the book.)

Amount	Type of Expense	Reason for Expenditure
600F		
900F		
300F		
1 500F		
600F		
80F		

Deuxième partie
EXERCICES ECRITS
Grammaire en contexte

23. THE *PLUS-QUE-PARFAIT*

A. Vous trouverez ci-dessous les résultats d'un récent sondage français. Lisez les phrases et remplacez les tirets par les verbes convenables en les mettant au *plus-que-parfait*.

On a trouvé que...

1. les jeunes qui _____ beaucoup d'argent de leurs parents avaient des difficultés financières étant adultes

2. dès qu'ils _____ un peu d'argent ils le dépensaient tout de suite

3. les personnes qui _____ leur fortune en travaillant dur l'ont appréciée

4. les personnes dont les parents n(e) _____ qu'un travail intellectuel n'avaient aucun désir d'avoir un travail manuel

5. la personne qui _____ à faire des économies étant petite savait en faire étant adulte

accumuler
apprendre
avoir
gagner
recevoir

8 Question d'argent   95

6. les jeunes filles auxquelles on _____
des valeurs traditionnelles ne voulaient pas travailler
hors de la maison

> avoir
> être
> grandir
> inculquer
> travailler

7. selon le sondage, la jeune femme qui _____
élevée à la campagne était une excellente cuisinière

8. les personnes qui _____ dans une
famille nombreuse ne voulaient qu'un enfant ou deux

9. la personne qui _____ tous les conforts
à la maison de ses parents était fondamentalement une
personne blasée

10. les jeunes qui _____ pour se payer
leurs études appréciaient bien plus leur diplôme

B. **Aller en vacances, c'est toujours une question d'argent.** Vous trouverez ci-dessous un extrait du récit de vacances de Jean-Luc. Remplacez les tirets par les verbes convenables en les mettant soit à l'*imparfait* soit au *plus-que-parfait* selon le cas.

MODELE: Nous avions mis beaucoup d'argent de côté parce que nous voulions faire un voyage en Afrique et le voyage coûtait cher. Nous avions examiné toutes les possibilités...

Il y avait longtemps que Josiane, Mireille, Pierre et moi

(1)_____ visiter un pays différent comme

> croire
> falloir
> mettre
> vouloir

la Tunisie. Il (2)_____ bien sûr avoir

beaucoup d'argent, mais nous (3)_____

de côté ce que nous (4)_____ être assez.

Nous (5)_____ de partir mi-juin pensant

> augmenter
> être
> pouvoir
> projeter
> vouloir

pouvoir trouver des chambres d'hôtel à des prix assez

raisonnables. A notre grande surprise, la saison touristique

(6)_____ déjà là et tous les prix, de

l'hôtel jusqu'au moindre souvenir, (7)_____.

Nous ne (8)_____ donc pas rester les trois

semaines comme nous l(e) (9)_____ et, au

bout de dix jours, à court d'argent, nous avons pris le chemin

du retour.

NOM_____   DATE_____

24. THE PRESENT CONDITIONAL

A. **Kelly envisage le poste idéal.** Lisez les phrases suivantes en remplaçant les tirets par les verbes convenables et en les mettant au conditionnel présent.

1. Il _____ que le travail soit intéressant.

2. Je _____ que le lieu de travail soit près de mon domicile parce que je n(e) _____ pas de voiture.

   | avoir |
   | envoyer |
   | être |
   | falloir |
   | vouloir |

3. Mes qualifications _____ telles que mes patrons m(e) _____ dans d'autres pays.

4. Avec mes collègues nous _____ des voyages d'affaires.

5. Nous _____ souvent dans des pays francophones et les gens s(e) _____ de nous entendre parler si bien le français.

   | aller |
   | s'étonner |
   | faire |
   | gagner |
   | savoir |

6. On _____ se débrouiller partout dans les pays étrangers.

7. Je _____ aussi beaucoup d'argent, bien sûr!

B. **Et vous?** Répondez aux questions suivantes en faisant attention au conditionnel.

1. Que feriez-vous si l'université doublait les frais d'inscription le semestre (le trimestre) prochain?

   _____

2. Que feraient les étudiants si le prix de l'essence était aussi élevé qu'en France?

   _____

3. Comment les jeunes pourraient-ils s'occuper s'il n'y avait pas de petits jobs d'été?

   _____

4. Où iriez-vous en vacances si l'inflation absorbait tout ce que vous avez mis de côté?

   _____

8 Question d'argent

5. Que feriez-vous si on vous offrait aujourd'hui même un bon travail?
   _____

6. Que feriez-vous si vous gagniez une somme importante à la loterie?
   _____

7. Voudriez-vous avoir un travail dangereux mais bien payant ou le contraire?
   _____

25. THE PAST CONDITIONAL

A. **C'est la vie!** François examine sa propre vie et la vie de ses amis. Il pense à toutes les choses que lui et ses amis auraient pu avoir ou faire. Remplacez les tirets par les verbes soulignés en les mettant au *conditionnel passé*.

1. Jean-Luc et Pierre <u>sont</u> contents d'aller à Montréal. Ils _____ plus contents d'aller à Paris s'ils avaient eu assez d'argent.

2. Christian a quand même de la chance! Il <u>peut</u> travailler quinze heures par semaine maintenant. Il y a trois semaines, il _____ travailler trente-cinq heures.

3. Eric et moi <u>gagnons</u> très peu d'argent dans ce restaurant. Nous en _____ beaucoup plus dans un restaurant plus connu.

4. Je <u>voudrais</u> avoir un travail plus intéressant. J(e) _____ travailler dans une grande société (*company*) française.

5. Marcelle et toi <u>devez</u> avoir assez d'argent pour un beau voyage en France. Vous _____ partir l'année dernière.

6. J'<u>irai</u> en France quand j'aurai assez d'argent. Je _____ plus tôt, mais je n'avais pas les moyens.

B. **Regrets.** Bernard vient de lire la description d'un travail qui lui aurait plu. Il en parle à son meilleur copain qui, lui aussi, n'a pas la carrière dont il avait rêvé. Remplacez les tirets par les verbes convenables en les mettant *au conditionnel passé.*

1. J(e) _____ étudier plusieurs langues étrangères.

2. Mes conseillers _____ me dire de suivre des cours d'informatique.

| aller |
| se débrouiller |
| devoir |
| pouvoir |
| vouloir |

3. Ma soeur et moi _____ que nos parents nous poussent à étudier un peu plus.

4. J(e) _____ faire un stage à l'étranger.

5. Toi et moi nous _____ pour trouver l'argent nécessaire.

6. Et toi, tu _____ dans le domaine de l'informatique avec un bon poste à l'étranger peut-être.

| avoir |
| être |
| faire |
| s'orienter |
| rester |

7. Moi, j(e) _____ vers les affaires internationales.

8. Nous _____ plus sérieux si nous avions reçu de bons conseils.

9. Nous _____ un avenir assuré avec beaucoup d'argent.

10. Toi aussi, tu _____ ce dont tu rêvais.

26. CONDITIONAL SENTENCES

A. L'argent a toujours suscité beaucoup de commentaires. Lisez les proverbes suivants, puis complétez les phrases qui suivent en faisant attention au temps des verbes.

1. "L'argent ne fait pas le bonheur". Mais l'argent ferait le bonheur si
_____
_____

2. En anglais on dit: "L'argent ne pousse (*grows*) pas sur les arbres".
   Mais si l'argent poussait sur les arbres, _____
   _____

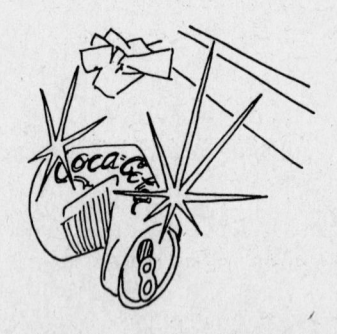

3. "Tout ce qui brille (*glitters*) n'est pas or". Mais si tout ce qui
   brille était de l'or, dans les rues on _____
   _____

100   8 *Question d'argent*

4. "Les bons comptes font les bons amis". Mais les comptes n'auraient

   absolument aucune importance si _____

   _____

5. "L'argent est la racine de tous les maux (*ills*)". Mais si on savait

   comment en disposer, on _____

   _____

B. **C'est toujours une question d'argent.** Quatre amis se préparent à partir en vacances, mais, comme leurs moyens sont très limités, ils doivent se limiter à des vacances au Canada. Mettez le verbe entre parenthèses au temps qui convient dans la phrase.

   —Ah, si seulement j'avais fait des économies, je (1)_____ en

   France. Et toi, Marc, qu'en penses-tu? (*aller*)

   —Moi aussi. Si je (2)_____, j'irais en France. (*pouvoir*)

   —Bon, mais la France, c'est hors de question (*out of the question*).

   Allons donc à Montréal.

   —Oui, tu as raison. Et si nous voulons partir tous ensemble, nous

   (3)_____ mieux d'aller en voiture. (*faire*)

   —En effet. Si je savais que ma voiture ne tombera pas en panne, je

   (4)_____ la mienne. Si je l'avais mise au garage, j'aurais été

   plus rassuré. (*prendre*)

8 Question d'argent   101

—Bon, on peut toujours reculer (*postpone*) notre voyage de deux ou trois jours. Si ça te va, nous (5)_____ vers la fin de la semaine. (*partir*)

—Oui. Si nous (6)_____ à partir samedi matin, nous pourrons commencer à faire les préparatifs. (*se décider*)

RECAPITULATION

L'argent, monnaie courante? Exprimez les phrases suivantes en français en faisant attention au temps des verbes.

1. I had wondered if they were going to notify (*avertir*) me.

2. They should have paid me ten dollars an hour.

3. Had I known, I would have put my money in the bank.

4. As soon as he had received his check, he bought a record.

5. We would have bought a new car if we had won the jackpot (*le gros lot*).

6. People wouldn't have so many debts if they paid cash (*payer comptant*) for everything they buy.

7. She told me they would lend me the money.

8. They said (*Il paraît que*) the cost of living (*le coût de la vie*) has gone up again this month.

NOM_____ DATE_____

9. If I did not waste (*gaspiller*) so much money, I would have a large bank account.

_____

_____

COMPOSITION FRANÇAISE

Petits jobs d'été. Le Ministre de la Jeunesse et des Sports demande au public de donner des suggestions quant aux travaux que pourraient faire les jeunes pendant les vacances scolaires. Ces emplois seraient non seulement pour les occuper mais aussi pour leur offrir un petit salaire. Donnez six suggestions dans des phrases complètes. Faites attention au temps des verbes.

1. _____

2. _____

3. _____

4. _____

5. _____

6. _____

8 *Question d'argent*   103

NOM_____ DATE_____

9 L'ART DE VIVRE AVEC AUTRUI

Première partie
EXERCICES ORAUX

I. A VOUS LA PAROLE

A. **Le son [ø].*** Ecoutez et répétez.

  eux
  veut
  peut
  jeudi
  monsieur
  malheureux

B. **Entraînez-vous.** Ecoutez cette description, puis répétez-la après le speaker.

  Eudes a deux yeux bleus un peu langoureux et amoureux. Il est généreux, sérieux mais un peu trop vieux. Il est paresseux quand il pleut.

C. **Le son [œ].**** Ecoutez et répétez.

  leur
  seule
  veulent
  jeune
  peuple
  fleur

D. **Entraînez-vous.** Ecoutez les phrases, puis répétez.

  1. ...   2. ...   3. ...   4. ...   5. ...

II. EXERCICES EN CONTEXTE

A. Vous organisez une soirée pour vos amis. Transformez les phrases selon le modèle en substituant le sujet indiqué.

  MODELE: Vous voulez que Marie envoie les invitations. (nous) -->
      Vous voulez que nous envoyions les invitations.

  1. J'exige que vous apportiez des disques.
  2. Nous voulons que Philippe chante.
  3. Tu préfères que je joue de la guitare.
  4. Elle souhaite que tu ne fumes pas.
  5. Mes parents souhaitent que la soirée finisse de bonne heure.

---

*Round your lips as for [o]. The blade of the tongue is high.
**To pronounce the sound [œ], start with [ø] and drop your jaw slightly as in the English *sir*.

9 *L'art de vivre avec autrui*   105

B. Deux amis discutent du prochain mariage de Jacques. Ils ne sont pas d'accord. Mettez les phrases à la forme négative selon le modèle.

   MODELE: Je crois que Jacques est amoureux. -->
           Moi, je ne crois pas que Jacques soit amoureux.

   1. ...   2. ...   3. ...   4. ...   5. ...

C. Le professeur Harmonie répond à une lettre. Transformez les phrases selon le modèle pour en faire des vérités générales.

   MODELE: Il est dommage qu'il soit jaloux. -->
           Il est dommage d'être jaloux.

   1. ...   2. ...   3. ...   4. ...   5. ...

D. Vous écrivez une lettre de réclamations à votre propriétaire. Reliez les deux phrases selon le modèle en utilisant la conjonction indiquée.

   MODELE: J'essaie d'être raisonnable. C'est difficile. -->
           J'essaie d'être raisonnable quoique ce soit difficile.

   1. Je vais me plaindre. Vous faites quelque chose.
   2. Je refuse de payer. Le bruit cesse.
   3. Je fais cela. Vous comprenez la situation.
   4. Je paie. Vous réparez ma porte.
   5. J'essaie de rester calme. Je perds patience.

E. Vous avez organisé une soirée pour vos amis. Mettez les verbes au *passé du subjonctif* selon le modèle.

   MODELE: Nous sommes contents que vous receviez une invitation. -->
           Nous sommes contents que vous ayez reçu une invitation.

   1. ...   2. ...   3. ...   4. ...   5. ...   6. ...

F. Vous avez des invités ce soir. Qu'est-ce que vous faites? Répondez selon le modèle en utilisant les verbes de la liste.

   MODELE: Les invités attendent devant la porte. -->
           Je fais entrer les invités.

   manger   danser
   entrer   boire
   parler   asseoir

   1. ...   2. ...   3. ...   4. ...   5. ...

III. DICTEE

Voici une lettre adressée au "courrier du coeur". Ecoutez la dictée une première fois sans écrire. Ensuite, écoutez-la une deuxième fois en écrivant les mots qui manquent.

NOM_____ DATE_____

Cher professeur Harmonie,

Mon petit ami est l'homme le plus jaloux _____.
Il _____ à la maison tous les soirs. Il
_____ un autre homme. Il me donne
quelquefois le droit de sortir _____
avec moi.

Ne pensez-vous pas _____ d'ouvrir sa vie
aux autres? Je _____ un ami qui _____ et
souriant avec les autres. Est-il _____
encore changer?

Mes parents sont inquiets et ils me conseillent _____.
Je ne _____ possible de continuer ainsi à
moins qu'il _____ un effort. J'ai peur que la vie _____
impossible avec lui. Que suggérez-vous _____?

Jeanne

IV. A L'ECOUTE

Vous allez entendre une interview avec Véronique, une étudiante belge.
Ecoutez deux fois l'interview, arrêtez la bande et faites l'exercice de
compréhension dans votre cahier de laboratoire. Voici quelques mots utiles.

au beau milieu de	*right in the middle of*
les tâches	*tasks*
les coûts	*costs, expenses*
courant	*popular, common*

Maintenant, prenez quelques secondes pour regarder les questions de
compréhension dans votre cahier.

Avez-vous compris?

Answer the questions below according to the information you heard in the
interview.

1. According to Véronique, there are certain qualities that are very
   important in a roommate. Check all of those qualities below that
   Véronique specifically mentioned in her interview.

9 L'art de vivre avec autrui

___ personal cleanliness

___ tolerance for another culture

___ respect for the other person's habits

___ maintaining quiet at night

___ buying one's own groceries

___ sharing household tasks

___ taking phone messages for one another

___ paying one's share of the bills

2. Is it common in France for students to live with a roommate at school? Why or why not, in your opinion?

_____

_____

3. Véronique mentions friends who had difficult roommates. Check the reason(s) below why these roommates were a problem, according to the interview.

___ They didn't pay their bills.

___ They made too much noise, especially on the phone at night.

___ They ate too much but didn't really pay their portion of the groceries.

___ They were always phoning long-distance to foreign countries.

4. According to Véronique, what is the most important principle for getting along with a roommate?

_____

_____

Deuxième partie
EXERCICES ECRITS
Grammaire en contexte

27. FORMS OF THE SUBJUNCTIVE

A. Brigitte va emménager avec une camarade dans un appartement. Sa mère lui fait quelques recommandations en ce qui concerne "l'art de vivre avec autrui." Remplacez les tirets par les verbes convenables en les mettant au *présent du subjonctif*.

NOM_____   DATE_____

Brigitte, chez vous...

1. Toi et Camille, il faut que vous _____ à tout moment de l'ABC de l'art de vivre avec autrui.

2. Il est important que vous _____ de la bienveillance pour tout le monde.

3. Il est essentiel que vous _____ du respect pour vos voisins: ne mettez pas la radio trop fort.

4. Il ne faut pas que vous _____ les gens dans l'escalier.

5. Il faudrait que vous _____ toute personne âgée.

| avoir |
| bousculer |
| (*to push*) |
| montrer |
| respecter |
| se souvenir |

Brigitte, dans les endroits publics...

6. Il faut que les gens _____ une certaine norme de courtoisie.

7. Quand il y a beaucoup de gens quelque part, il faut que vous _____ attendre calmement.

8. Il faut que nous _____ la queue.

9. Il faut que tu _____ patiemment ton tour.

10. Si vous voulez qu'on vous _____ service, souriez.

| attendre |
| faire |
| maintenir |
| rendre |
| savoir |

B. Alain manque souvent de tact. Regardez comment il parle à ses amis. Remplacez les tirets par les verbes entre parenthèses en les mettant au *passé du subjonctif*.

1. Paul, je suis surpris que tu _____ (*inviter*) Albert!

2. Je suis étonné que tu _____ (*aller*) au théâtre sans moi!

3. Joseph, ça m'est vraiment égal que tu _____ (*se souvenir*) de la réponse à l'examen d'hier.

4. Je suis ravi que Marie _____ (*ne pas résoudre*) ce problème de maths à l'examen!

5. Marie, je suis surpris que tu _____ (*réagir*) de cette manière!

6. Josiane, je suis vraiment déçu que vous _____ (*se confier*) toutes les deux à un autre ami.

9 *L'art de vivre avec autrui*

7. Je suis furieux que tu _____ (être) aussi mécontente!

8. Je suis furieux que nous _____ (devoir) faire tout cela.

28. CONTEXTS FOR THE SUBJUNCTIVE

A. Alain et François reçoivent les conseils d'un ami. Reconstituez les phrases prononcées par leur ami en faisant tous les changements nécessaires.

1. je crains / les autres / vous / ne pas comprendre

2. il est nécessaire / vous / être patient avec tout le monde

3. il est important / vous / essayer de comprendre les autres

4. j'ai peur / vous / ne pas avoir assez de tact

5. il suffit / vous / croire vos amis

6. il se peut / vos amis / vous / faire du mal

7. mais il est indispensable / vous / répondre aux besoins de vos amis

8. il est regrettable / certaines personnes / se conduire d'une façon honteuse

9. il est bon / vous / bien connaître vos amis

10. il est important / chacun / s'en aller / satisfait

B. Alain est assez pessimiste et difficile. A chaque fois que son ami suggère quelque chose, Alain le contredit. Complétez les réponses d'Alain en reprenant la phrase de son ami. Faites attention au mode et au temps des verbes.

1. —La réception commencera à quatre heures juste.

   —Non, je crois _____

2. —Nous irons dans le jardin.

   —Il va pleuvoir. J'espère _____

3. —Moi, j'espère qu'il fera beau!

   —J'ai lu la météo, et je pense _____

4. —Il y aura beaucoup de monde.

   —Je ne pense pas _____

5. —Nous nous amuserons bien, j'en suis sûr.

   —Je doute _____

6. —Tout le monde voudra écouter de la musique.

   —Oh, je ne suis pas sûr _____

7. —Aline sera présente à la réception, n'est-ce pas?

   —Elle est malade. Je crois _____

8. —Richard et Hubert viendront aussi, n'est-ce pas?

   —Franchement, j'espère _____

9. —Je trouve que Marie est extraordinaire!

   —Vraiment! Tu trouves qu'elle _____

10. —J'espère que Pierre et Dominique apporteront beaucoup de bière.

    —Il vaut mieux _____

C. **Confidences.** Kathy a écrit à son amie en France. Voici des phrases tirées de sa lettre. Traduisez-les en faisant attention au temps des verbes.

1. You are the nicest friend I've ever had!

   _____

9 *L'art de vivre avec autrui*

2. You must come see me.

_____

3. I doubt Pauline will make it (*y arriver*).

_____

4. She needs someone who can explain math well.

_____

5. I hope that Joseph will come to the States.

_____

6. Do you think he's right?

_____

7. You must make your apologies first.

_____

8. You must always remember his good nature (*bon caractère*).

_____

29. ALTERNATIVES TO THE SUBJUNCTIVE

A. Jacqueline Dupellier a certains principes en ce qui concerne le savoir-vivre et la mode. Voilà ce qu'elle dit. Reliez les deux phrases par la conjonction entre parenthèses en mettant le verbe au mode et au temps corrects.

1. La mode est belle. Elle n'a qu'une valeur relative. (*bien que*)

_____

_____

2. On peut s'habiller à la mode. L'argent est abondant. (*à condition que*)

_____

_____

3. Je porte les mêmes vêtements. Ils sont démodés. (*jusqu'à ce que*)

_____

_____

NOM_____ DATE_____

4. Je n'entre pas en bikini dans une église. On ne me met pas à la porte.
   (afin que) _____
   _____

5. Je ne porte jamais de grand chapeau au cinéma. On ne se fâche pas contre
   moi. (pour que) _____
   _____

6. Je veux acheter un manteau à la mode. Ils sont tous vendus. (avant que)
   _____
   _____

7. Je porte mes robes toutes de la même longueur. Elles sont toujours à la
   mode. (de sorte que) _____
   _____

8. J'aime bien recevoir. Les gens ne viennent pas en blue-jeans.
   (à condition que) _____
   _____

B. Marie-Jeanne et son mari écrivent une lettre à des amis lointains pour les
remercier de leur gentillesse. Reconstituez les phrases de la lettre en
employant que ou une autre conjonction et en faisant attention au mode
et au temps du verbe.

MODELE: Je lui ai écrit. Il viendra. -->
        Je lui ai écrit afin qu'il vienne.

        Je sais. Il viendra. -->
        Je sais qu'il viendra.

1. Nous avons été extrêmement touchés. Vous avez été si généreux.
   _____
   _____

2. Je suis heureuse. J'ai l'occasion de vous écrire.
   _____

3. Je suis désolée. Marthe n'a pas pu nous rejoindre.
   _____

9 L'art de vivre avec autrui

4. C'est un peu dommage. Le temps a été pluvieux.

5. Nous sommes enchantés néanmoins. Nous avons pu apprécier le paysage.

6. J'espère. Vous m'enverrez la recette de votre gâteau.

7. Je suis certaine. Vous êtes la meilleure cuisinière du pays.

8. Je ne pense pas. Nous avons goûté de meilleurs plats.

9. Il est curieux. Jacques a refusé de venir.

10. J'insisterai. Il viendra la prochaine fois.

30. *FAIRE CAUSATIF*

Holly et John envoient un mot à leur ami Jean-Marc sur les préparatifs de la fête d'anniversaire de leur ami Floriant. Traduisez les phrases en faisant attention à l'emploi du verbe *faire*.

1. We will have all our friends come for Floriant's birthday.

2. Have Marie write (*rédiger*) the invitations.

3. I wrote a poem for Floriant; I'm going to have your sister read it.

4. Let's have Mme Lenormand make a cake.

NOM_____ DATE_____

5. Holly is going to have her mother decorate the house.

_____

6. All these preparations (*préparatifs*) make my head spin (*tourner*)!

_____
_____

RECAPITULATION

A. Michèle nous donne des conseils sur l'art de vivre. Rétablissez-les avec des phrases complètes en utilisant les mots ou expressions donnés et en faisant tous les changements nécessaires. Attention au mode et au temps des verbes.

1. il est essentiel / savoir se comporter en public

   _____

2. le sourire / être le seul moyen / qui / être efficace dans toutes les situations

   _____
   _____

3. il n'est plus de rigueur / se faire ouvrir la porte

   _____

4. il faut / boire modérément à une soirée

   _____

5. les fleurs / être un cadeau / qui / faire toujours plaisir

   _____

6. pensez-vous / notre façon de parler / trahir (*betray*) notre vrai milieu?

   _____
   _____

B. Savoir écrire est très important. Remerciements, réclamations, avis, invitations doivent toujours avoir une forme correcte. Dans la lettre ci-dessous, choisissez d'abord le verbe qui convient, puis remplacez le tiret par sa forme correcte. Vous pouvez employer certains verbes plus d'une fois.

9 *L'art de vivre avec autrui*

Messieurs,

Nous vous (1)_____ de votre lettre et nous (2)_____ très heureux que vous (3)_____ assez satisfaits de notre marchandise. Bien que nous n(e) (4)_____ répondre entièrement à vos besoins, nous espérons que vous (5)_____ de nous envoyer vos prochaines commandes. Nous ferons notre possible pour les envoyer à la date indiquée, mais il est encore douteux que les grèves (6)_____ finies et que vous (7)_____ recevoir la marchandise à temps. Nous ne voudrions pas qu'un malentendu (8)_____ entre nous.

Veuillez agréer, Messieurs, l'expression de nos salutations les plus distinguées.

| continuer |
| se développer |
| être |
| pouvoir |
| remercier |

COMPOSITION FRANÇAISE

Un mariage important. Vous écrivez à un(e) ami(e) en France pour l'inviter à venir au mariage d'un membre de votre famille. Essayez de le/la persuader en lui expliquant l'importance de sa présence et votre rôle dans le mariage et en lui donnant votre opinion sur ce qu'il faut porter, faire et dire à une réception de mariage.

NOM_____ DATE_____

10 LA PUBLICITE

Première partie
EXERCICES ORAUX

I. A VOUS LA PAROLE

A. **Les semi-consonnes: Le son [ɥ].*** Ecoutez et répétez.

   lui
   fuit
   huit
   nuit
   suis
   bruit
   pluie

B. **Le son [w].*** * Ecoutez et répétez.

   Louis
   fouet
   ouest
   oiseau
   voix
   boîte
   loin

C. **Le son [j].*** ** Ecoutez et répétez.

   il y a
   yeux
   voyage
   royal
   abeille
   bâille
   taille

D. **Monologue.** Ecoutez le passage suivant, puis répétez après le speaker.

   En ju**ill**et, il est merve**ill**eux d'écouter les abe**ill**es et les o**i**seaux qui gazou**ill**ent.

   M**oi**, le br**ill**ant sol**eil** m'ébl**ou**it et p**ui**s je m'ennu**ie**.

   Le p**ay**sage est sompt**ueu**x et il n'**y a** pas de br**ui**t. Il faut ess**ay**er d'appréc**ier** et ne pas bâ**ill**er de somm**eil**!

---

   *[ɥ] demands a much narrower air passage than [y]. [ɥ] forms a single syllable with the following vowel.
   **The sound [w] forms a single syllable with the following vowel.
   ***The sound [j] has a very energetic pronunciation. The blade of the tongue should almost touch the palate.

10 La publicité

II. EXERCICES EN CONTEXTE

A. Deux amis lisent les petites annonces immobilières. Transformez les phrases selon le modèle en utilisant le comparatif de l'adverbe.

MODELE: Cet appartement est luxueusement meublé. -->
Cet appartement-ci est plus luxueusement meublé que cet appartement-là.

1. Cet appartement est mal orienté.
2. Cet immeuble est bien situé.
3. Ce logement est joliment décoré.
4. Ce studio est complètement équipé.
5. Ce voisinage est mal fréquenté.

B. Vous comparez plusieurs produits. Transformez les phrases selon le modèle, en utilisant les symboles donnés.

[+] : plus   [-] : moins   [=] : aussi

MODELE: Ce dentifrice nettoie plus complètement que l'autre.
([-] bien) -->
Ce dentifrice nettoie moins bien que l'autre.

1. Cette lessive se dissout plus vite que l'autre. ([-] facilement)
2. On achète ce fromage plus souvent que l'autre. ([=] fréquemment)
3. On aime mieux ce déodorant que l'autre. ([-] bien)
4. Ces produits se vendent moins cher que d'autres. ([+] difficilement)

*C. Que pensez-vous de la publicité? Transformez les phrases selon le modèle.

MODELE: Tous les messages font appel à nos besoins. (plusieurs) -->
Plusieurs messages font appel à nos besoins.

1. a. ...   b. ...   c. ...   d. ...
2. a. ...   b. ...   c. ...   d. ...

D. **Faisons du shopping!** Transformez les phrases selon le modèle.

MODELE: Je fais du shopping tous les jours. (semaines) -->
Je fais du shopping toutes les semaines.

1. magasins
2. vendeuses
3. publicités
4. marques
5. salaire

III. DICTEE

Ecoutez la dictée une première fois sans écrire. Ensuite, écoutez-la une deuxième fois en écrivant les mots qui manquent.

---

*Activities in this section that are preceded by an asterisk can be done in class, as well as in the laboratory, for additional practice.

NOM_____ DATE_____

La publicité est partout dans notre société de consommation. Elle nous accroche le long de _____, dans _____ les journaux et à la télévision. _____ intelligent doit s'en méfier. Malheureusement, _____ qui se laissent plus facilement séduire _____. Pour _____, _____ annonces publicitaires disent la vérité et ils achètent _____ qui les flatte _____, même s'ils n'en ont _____ besoin. Ils se persuadent que _____ produits sont nécessaires. Ils font _____ qui promet le succès.

Aujourd'hui, _____ organisations de consommateurs nous informent _____ qu'avant et grâce à elles nous pouvons choisir _____ produit _____.

IV. A L'ECOUTE

Vous allez entendre une interview avec Florence, une étudiante française. Ecoutez deux fois l'interview, arrêtez la bande et faites l'exercice de compréhension dans votre cahier de laboratoire. Voici quelques mots utiles.

perspicace	*shrewd, clever*
entraînant	*intriguing, interesting*
une amatrice	*a person who appreciates something; a fan*
en entier	*in its entirety, the whole thing*
compris	*included*

Maintenant, prenez quelques secondes pour regarder les questions de compréhension dans votre cahier.

Avez-vous compris?

Decide if the statements below are true or false, according to the information in the interview.

T F 1. French television commercials are shorter than American commercials.

T F 2. French commercials interrupt television programming only once for three or four minutes in the middle of the program.

T F 3. There are usually four or five ads in a row during a commercial sequence on French television.

10 La publicité

T F 4. Florence thinks French commercials are amusing and well done.

T F 5. In French movie theaters, commercials are shown before the main feature.

T F 6. Commercials in Japan, like those in France, rarely interrupt the showing of a film on television.

T F 7. Florence prefers a system such as we have in the U.S., in which commercials occur during the program.

T F 8. Florence is affected by ads for sweets during the evening hours when she is watching television.

Deuxième partie
EXERCICES ECRITS
Grammaire en contexte

31. COMPARISONS WITH ADVERBS AND QUANTITIES

A. On vient de vous donner un petit job d'été dans une maison de publicité et vous voulez renforcer les accroches des réclames ci-dessous. Recopiez les phrases en modifiant l'adverbe par un *comparatif de supériorité*.

1. Avec le parfum Lys, vous partagerez harmonieusement votre vie avec l'homme que vous aimez.

   _____
   _____

2. Buvez Vital, vous vous sentirez bien.

   _____

3. Vivez luxueusement. Visitez nos appartements Le Plaisir.

   _____

4. Enfin un gel qui permet de mincir rapidement.

   _____

5. Si vos cheveux s'emmêlent désespérément après un shampooing, essayez Doulène.

   _____
   _____

6. Votre peau ira mal si vous n'utilisez pas Solacrème.

   _____
   _____

10 La publicité

NOM_____ DATE_____

7. Nos plantes ont été rigoureusement sélectionnées pour toutes nos nouvelles tisanes.

_____

_____

8. La bière La Cigogne étanchera (*quench*) vite votre soif.

_____

B. Suzanne est tout à fait contre la publicité quelle qu'elle soit. Comment réagit Suzanne? Reconstituez les phrases en modifiant l'adverbe par un *comparatif d'égalité* ou un *comparatif d'infériorité*.

MODELE: la publicité / les journaux / présenter un produit / objectivement / publicité / la télévision -->
La publicité dans les journaux présente un produit aussi objectivement que la publicité à la télévision.
La publicité dans les journaux présente un produit moins objectivement que la publicité à la télévision.

1. je / regarder la télé / régulièrement / avant

_____

_____

2. on / montrer / souvent / les réclames de bière / autres

_____

_____

3. les petites voitures / être / luxueusement équipées / les grandes

_____

_____

4. je / remarquer / vite / les réclames pour les voitures / les réclames pour les cigarettes

_____

_____

5. dans les réclames, les femmes / agir / bêtement / les hommes

_____

_____

10 La publicité

6. la télévision / présenter / effectivement / les personnalités politiques / les journaux

_____

_____

C. Un psychologue-sociologue nous explique les atouts (*advantages*) de la publicité. Modifiez les adverbes avec *beaucoup*, *bien* ou *encore* ou un superlatif selon le sens.

Selon M. Cathelat, la publicité veut (1)_____ moins souvent susciter des envies artificielles que séduire. Elle s'adresse (2)_____ plus spécifiquement à l'inconscient pour dialoguer avec lui car son seul objectif consiste à promouvoir un produit. (3)_____ souvent elle propose un mythe qui enveloppe ce produit et qui répondra (4)_____ sûrement aux valeurs de l'être humain. C'est au publicitaire d'identifier les mythes qui agissent (5)_____ fortement sur l'inconscient. C'est (6)_____ plus une esthétique qu'elle élabore qu'une agression vulgaire.

D. Regardez les illustrations ci-dessous et écrivez une phrase d'accroche qui attirera l'attention sur la réclame en question. Employez des expressions comparatives de quantité.

MODELE: Un parfum Elégance lui fera autant plaisir qu'une douzaine de roses.

1. _____

_____

_____

122   *10 La publicité*

NOM_____ DATE_____

2.

_____
_____
_____

3.

_____
_____
_____

4.

_____
_____
_____

5.

_____
_____
_____

10 La publicité   123

6.

32. INDEFINITE ADJECTIVES AND PRONOUNS

A. **Peut-on défendre la publicité?** Lisez le passage suivant et remplacez les tirets par l'adjectif indéfini en marge. Certains adjectifs peuvent s'employer plus d'une fois.

Il faut que (1)_____ produit ait sa part de publicité. Mais (2)_____ aspects de celle-ci inquiètent. D'abord, (3)_____ réclame ne nous dit entièrement la vérité et (4)_____ illustrations sont franchement érotiques et d'assez mauvais goût. De plus, à cause des (5)_____ media, on ne peut plus échapper à une stimulation permanente et répétitive. La publicité s'infiltre chez nous par (6)_____ voie (f.): télévision, radio, journaux, affichage et même par le courrier.

| certain(e)(s) |
| chaque |
| divers |
| n'importe quel(le) |
| nul(le) |
| tous les |
| toutes les |

(7)_____ journaux en sont pleins; il y en a tant sur (8)_____ page qu'on n'arrive plus à retrouver la suite des articles.

(9)_____ grandeurs de publicité, (10)_____ accroches et illustrations font partie de ce stratagème qui vient violer notre inconscient. Pourtant, une certaine publicité n'est pas maléfique et il faut y voir (11)_____ avantages car c'est bien elle

| certain(e)(s) |
| différent(s) |
| diverses |
| telles |
| toutes les |

124   *10 La publicité*

NOM_____ DATE_____

qui nous met souvent en contact avec (12)_____

nouveautés. Il est vrai que (13)_____ affiches

sont pédagogiquement fâcheuses mais de (14)_____

images font généralement appel à un public qu'elles veulent

séduire. Pourtant, avant de médire de la publicité,

soulignons son importance culturelle.

B. **Quel produit acheter? On ne sait plus!** Lisez le passage suivant en remplaçant les tirets par le pronom indéfini qui convient. N'oubliez pas, s'il le faut, de faire les changements nécessaires. Certains pronoms peuvent s'employer plus d'une fois.

| autres |
| certaines |
| chacun |
| personne |
| plusieurs |
| quelque chose |
| tout(es) |

La crédibilité est l'une des qualités nécessaires

aux réclames, et (1)_____ vous font croire qu'il

est impossible d'exister sans certains produits. D(e)

(2)_____ par contre, sont tellement

invraisemblables qu'elles n'inspirent aucune envie

d'acheter le produit en question. (3)_____

sont artistiques au point d'attirer notre attention

car il y a toujours (4)_____ qui nous intrigue.

Regardez seulement les réclames pour les produits de

beauté. (5)_____ vantent leurs qualités

rajeunissantes, leur action régénératrice et

(6)_____ vont jusqu'à traumatiser les non-usagers

(*nonusers*): "Attention! A vingt ans vous aurez l'air d'en

avoir cinquante!" (7)_____ ne conteste que beaucoup

de réclames disent la vérité, ne serait-ce (*were it*) qu'une

demi-vérité. Et souvent, on n'a plus qu'un choix: acheter

les produits même s'ils ne sont pas de qualité

recommandable. Certains même devraient être l'objet

d'enquêtes judiciaires. Mais il est vrai que c'est à

10 La publicité 125

(8)_____ de nous de s'informer avant d'acheter.

Souvenons-nous donc que (9)_____ ce qui paraît vraisemblable n'est pas nécessairement vrai!

RECAPITULATION

Aux Etats-Unis, comme en France, la publicité envahit tous les domaines. Les phrases ci-dessous représentent assez bien ce que les gens diraient en France. Traduisez-les en français.

1. One most often finds ads on beauty products.

2. Some ads are as badly made as the products they represent.

3. All day long, those who watch T.V. are bombarded (*bombardés de*) by commercials.

4. Some commercials are good, but not all.

5. I have never used such a product!

6. Some shampoo ads say that you can wash your hair as often as you want.

7. Some products are better described than others.

8. Some (ads) are much more truthful (*honnêtes*) than others.

NOM_____   DATE_____

9. Some (people) say that with Super Bronzage one feels even less well protected.

   _____

   _____

10. They (ads) indicate that Clair Moment is more particularly for normal skins.

    _____

    _____

COMPOSITION FRANÇAISE

Choisissez la réclame d'un produit (par exemple, des céréales, une boisson, un produit de beauté, etc.) et dites, dans un paragraphe, ce qui attire le plus vite votre attention, ce qui vous plaît le moins, ce que vous remarquez le plus souvent, ce qui, à votre avis, décrit le plus intelligemment le produit en question et ce qui montre le produit le moins avantageusement.

NOM_____ DATE_____

11 A MOI LA FRANCE!

Première partie
EXERCICES ORAUX

I. A VOUS LA PAROLE

Révision. Répétez le dialogue suivant après le speaker. Il vous permettra d'utiliser tous les sons que vous avez appris.

—Tu étudies en France. Est-ce que tu as des difficultés à t'adapter?
—Oui, je n'étais pas bien préparée.
—L'université française est si différente!
—Ce qui me déplaît le plus c'est que je ne vois jamais mes profs.
—Moi aussi, je voudrais participer en classe, mais il faut rester muette.
—Le meilleur moment de la journée, c'est le soir quand je peux flâner sur les Champs-Elysées!

II. EXERCICES EN CONTEXTE

*A. Attention aux stéréotypes! Complétez oralement la nouvelle combinaison de phrases selon le modèle. Puis, encerclez V si c'est la vérité, et S si c'est un stéréotype, à votre avis.

MODELE: L'amour est un problème. Les Français pensent constamment à ce problème. -->
L'amour est un problème auquel les Français pensent constamment. V (S)

1. Le vin est une boisson. La France est célèbre pour cette boisson. Le vin est une boisson pour _____ la France est célèbre. V S

2. La cuisine est un art. Les Français excellent dans cet art. La cuisine est un art dans _____ les Français excellent. V S

3. La technologie est un phénomène. Les Français ne pensent guère à la technologie. La technologie est un phénomène _____ les Français ne pensent guère. V S

4. La voiture est une nécessité. L'Américain se sent perdu sans cette nécessité. La voiture est une nécessité sans _____ l'Américain se sent perdu. V S

---

*Activities in this section that are preceded by an asterisk can be done in class, as well as in the laboratory, for additional practice.

5. Les actes de violence sont des faits. Les Américains se sont habitués à ces faits. Les actes de violence sont des faits _____ les Américains se sont habitués. V S

6. La richesse est une possibilité. Tous les Américains rêvent à cette possibilité. La richesse est une possibilité _____ tous les Américains rêvent. V S

*B. **Vous êtes dans la boutique hors-taxe de l'aéroport.** Répondez aux questions du vendeur en suivant le modèle.

MODELE: Préférez-vous ce briquet-ci ou ce briquet-là? -->
Je préfère celui-ci.

1. ...   2. ...   3. ...   4. ...   5. ...

*C. **La France vous accueille.** Transformez les phrases selon le modèle.

MODELE: Mon voyage était passionnant! (*ours*) -->
Le nôtre était passionnant aussi.

1. hers / ours / theirs
2. his / mine / yours (*singular*)
3. theirs / mine / hers

III. DICTEE

Ecoutez la dictée une première fois sans écrire. Ensuite, écoutez-la une deuxième fois en écrivant les mots qui manquent.

Nombreux sont _____

_____ étudier en France. Beaucoup d'entre eux ont

longtemps rêvé _____ sans être réalistes.

Premièrement, c'est le mal du pays _____ il faut penser.

Préparez-vous mentalement. Il faut compter au moins

_____ adapté. Ne vous découragez pas. Il

est surtout important de s'entendre avec le propriétaire

_____ on vit. _____

bruit après dix heures du soir par exemple sont très _____.

Parler longtemps au téléphone est _____

vous êtes habitué, mais _____. Cela est

130   *11 A moi la France!*

NOM_____ DATE_____

impoli. Soyez économe. Ne gâchez _____ ou

l'électricité. Les propriétaires ont une mauvaise impression

_____ leur lit régulièrement. Si les

étudiants _____ de courtoisie, tout le

monde s'entendra bien et vous aurez un _____

longtemps.

IV. A L'ECOUTE

Vous allez faire le tour de France, en suivant la carte ci-dessous. Ecoutez
le passage suivant une première fois. Notez que sur la carte, les villes sont
indiquées par des cercles noirs. Indiquez le nom de chaque ville pendant la
deuxième lecture. Indiquez aussi votre itinéraire en traçant une ligne entre
les villes visitées. Vous trouverez quelques mots utiles à la page suivante.

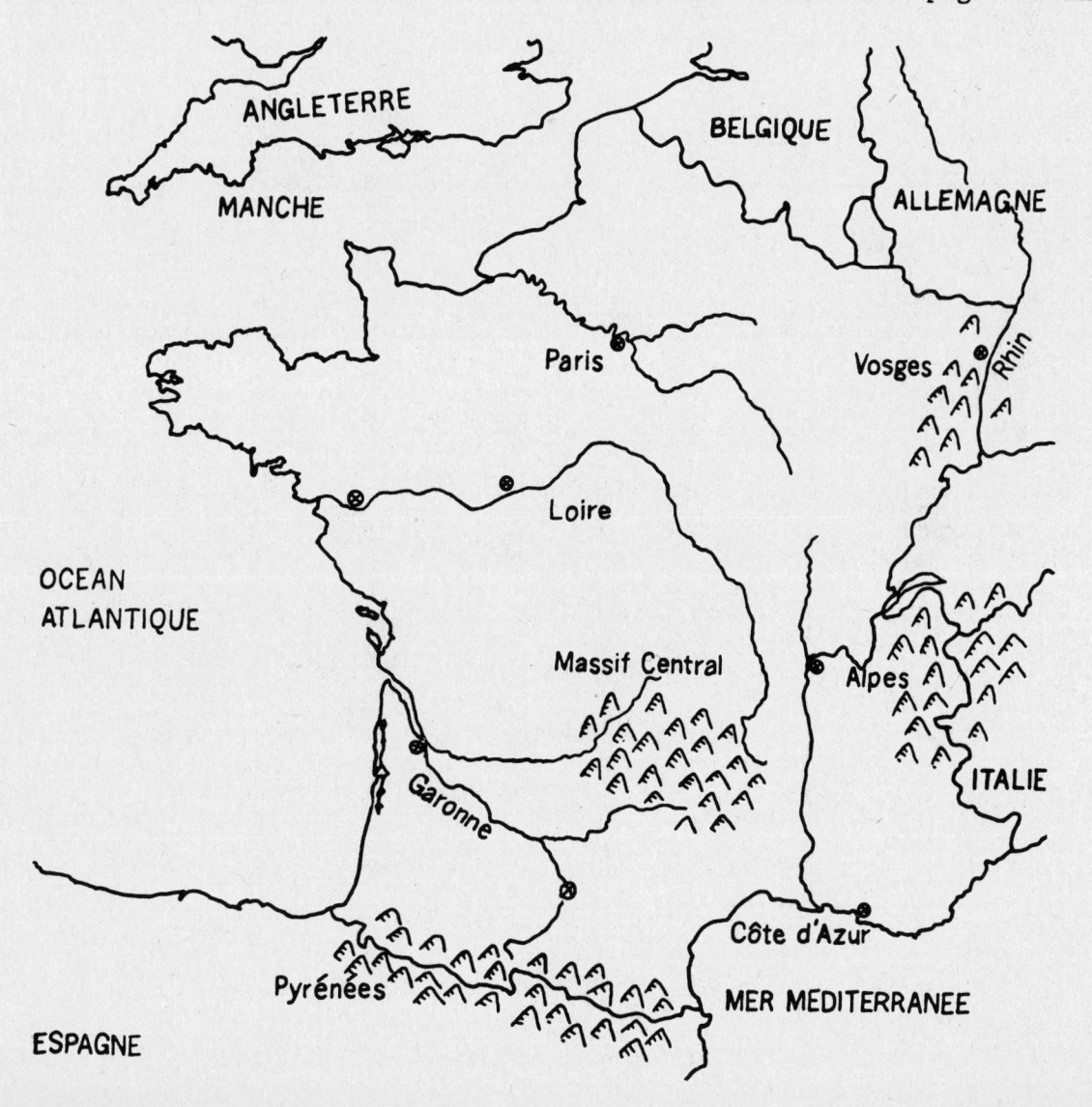

11 A moi la France!

vignobles	*vineyards*
la nuit tombante	*nightfall*
Méridionaux	*French southerners*
enchanteur	*enchanting*
étape	*stop*
défiler	*to go by*
féerique	*fairylike (adj.)*

Deuxième partie
EXERCICES ECRITS
Grammaire en contexte

33. RELATIVE PRONOUNS (II): WITH PREPOSITIONS

A. Connaissez-vous la France? Avez-vous des préférences? Complétez les questions ou phrases ci-dessous en remplaçant les tirets par des pronoms relatifs. Faites attention aux prépositions et à leurs contractions.

MODELE: Il y a tellement de châteaux en France. Duquel parlez-vous?

1. Si on vous donnait le choix entre des études à l'université de Paris et l'université de Grenoble, _____ écririez-vous?

2. On vous propose d'assister à un concert de rock ou à un concert de musique classique; _____ allez-vous assister?

3. On vous offre de choisir entre deux voyages: aller en France en avion ou y aller en bateau. _____ avez-vous le moins peur?

4. On va parler d'artistes de cinéma français. _____ pensez-vous immédiatement?

5. Dans vos cours de français on vous a parlé de certaines villes de France. _____ vous souvenez-vous?

6. On vous a dit que les Français étaient des gens parmi _____ il fallait vivre pour les apprécier.

7. On parle du journal le plus connu dans le monde. _____ s'agit-il?

8. Le musée Pompidou est celui _____ les étrangers parlent le plus souvent.

NOM_____ DATE_____

9. Il y a beaucoup de musées à Paris. A côté _____ se trouve le jardin des Tuileries?

10. Les Français sont des gens pour _____ l'idée de patrie a encore beaucoup de valeur.

B. **Nous avons toujours des choix à faire.** Regardez les dessins ci-dessous et créez une phrase en remplaçant les noms par un pronom relatif et en employant les verbes donnés.

MODELE:

être le film / penser (à) —>
"Les dents de la mer" est le film auquel je pensais.

1.   être l'animal / aimer s'occuper (de)

_____
_____
_____

11 A moi la France!   133

2.   être des fruits / avoir un penchant (pour)

_____
_____
_____

3.   être l'auteur / s'intéresser (à)

_____
_____
_____

4.   être les chansons / vouloir les paroles (pour)

_____
_____
_____

5.   être la voiture / rêver (à)

_____
_____
_____

11 A moi la France!

NOM_____ DATE_____

6. être le sport / s'intéresser (à) le moins

_____

_____

_____

34. DEMONSTRATIVE PRONOUNS

A. **A propos du Tour de France.** Voici ce que dit un amateur de cyclisme américain. Remplacez les tirets par un *pronom démonstratif* en ajoutant *-ci* ou *-là* si c'est nécessaire.

1. Le tour de France auquel Greg LeMond a participé est _____ que j'ai surtout suivi.

2. De toutes les courses, c'est _____ que j'ai appréciée le plus.

3. Parmi _____ qu'on appelle les "Géants de la route", il faut compter Jean-Claude Leclerc et Marc Madiot.

4. A propos de montagnes, _____ qui sont les plus difficiles à traverser, ce sont les Alpes.

5. L'étape (*stretch*) Villard de Lans-Alpes d'Huez dans les Alpes est peut-être la plus difficile. On dit que _____ est l'épreuve ultime.

6. On estime que parmi les 200 champions au départ, 80 ne finiront pas. _____ auront abandonné en cours de route.

7. Parmi les meilleurs coureurs il y a des femmes dont Jeanie Longo. _____ a été le vainqueur de la *Coors Classic* américaine en 1986.

8. Beaucoup de journaux et de magazines américains s'intéressent au Tour de France. Parmi _____ se trouve *Inside Cycling*; _____ a consacré un numéro spécial uniquement centré sur le Tour cette année.

11 A moi la France! 135

B. **Sommes-nous bien informés sur les tendances françaises?** Remplacez les tirets par *ceci, cela, c'est* ou *ce sont*.

1. Selon les statistiques, la France vieillit comme tous les pays du monde. _____ n'est pas étonnant.

2. Ecoutez bien _____ : on se marie de moins en moins, même s'il y a un enfant.

3. _____ un fait. Les enfants des intellectuels s'orientent vers l'enseignement général.

4. Les Français deviennent plus grands: _____ est évident quand on regarde les statistiques.

5. On a trouvé que _____ les intellectuels qui préfèrent les chats.

6. Si l'homme et la femme se partagent les tâches quotidiennes, _____ elle qui s'occupe généralement de la préparation des repas.

35. POSSESSIVE PRONOUNS

Gustave, Emile et Rémi viennent de rentrer de vacances. Chacun a rapporté de nombreux articles dans la grande valise de Rémi. Mettez-vous à la place de Gustave et d'Emile et répondez aux questions de Rémi en employant des *pronoms possessifs*.

MODELE: Gustave et Emile, est-ce que ce sont vos mouchoirs? —>
Oui, ce sont les nôtres.

1. Emile, est-ce que ce sont tes posters (*m.*)?

   Oui, _____

2. Est-ce que cette photo-ci est à moi?

   Oui, _____

3. Gustave et Emile, est-ce que ce sont vos cartes postales?

   Oui, _____

4. Et cet appareil-photo, Emile, est-ce qu'il est à toi?

   Oui, _____

5. Est-ce que ce magazine est à toi, Gustave?

   (*à toi*) Non, _____

NOM_____ DATE_____

6. A qui sont ces souvenirs-ci?

   (à Emile) _____

7. Est-ce que cet appareil-là est à tes parents, Emile?

   Oui, _____

8. Gustave, ces revues, à qui sont-elles?

   (à moi) _____

9. Est-ce que cette brochure est à vous deux?

   Oui, _____

10. Gustave, ces billets sont à Emile, n'est-ce pas?

    (à moi) Non, _____

RECAPITULATION

Un exploit dont les Français peuvent être fiers. Lisez le passage suivant en substituant les tirets par un des mots en marge. Attention: Certains mots peuvent s'employer plus d'une fois. Faites attention au sens.

(1)_____ au Mali que se trouvent les falaises (cliffs) sacrées près (2)_____ personne n'a jamais osé s'approcher. Mais tout (3)_____ a changé depuis que Catherine Destivelle les a escaladées (climbed). (4)_____ étaient depuis des siècles la demeure inaccessible des dieux Dogons et seuls les sorciers et (5)_____ qui recueillent (collect) le miel y avaient accès; les femmes restaient à l'écart (away). Aujourd'hui tout un système social a été ébranlé (shaken up) et les femmes du village, près (6)_____ se trouvent ces falaises, ont soudain refusé de faire des travaux difficiles.

cela
celles-ci
c'est
ceux
desquelles
duquel

11 A moi la France! 137

(7)_____ en effet une jeune Française, Catherine Destivelle, (8)_____ l'apparence fragile ne laisserait rien soupçonner de sa prouesse, qui a grimpé ces falaises interdites. Il s'agissait d'une expédition pour faire un documentaire avec l'aide de Catherine, mais les Dogons avaient mal accepté l'intrusion de (9)_____ (10)_____ les yeux bleus présupposent une sorcière. Et (11)_____ grâce à Ibrahim Dolo, le chef de l'expédition, que le travail a pu continuer. (12)_____ a parlé aux Dogons qui ont finalement accepté Catherine et l'ont même protégée contre une chute des falaises.

| celle-ci |
| celui-ci |
| c'est |
| dont |

COMPOSITION FRANÇAISE

Rêves et aspirations. Ecrivez un passage sur les aspects de la France ou d'un autre pays francophone qui vous attirent et dont vous voudriez avoir un jour l'expérience. Essayez en même temps d'employer autant de pronoms démonstratifs, indéfinis, relatifs et possessifs que vous pouvez.

NOM_____ DATE_____

12 LE CHOC DES MEDIA

Première partie
EXERCICES ORAUX

I. A VOUS LA PAROLE

Révision. Répétez les phrases suivantes après le speaker. Elles vous permettront d'utiliser tous les sons que vous avez appris.

1. On lit un journal pour avoir des nouvelles locales, nationales ou internationales.
2. On veut savoir ce qui se passe.
3. On consulte un journal pour avoir des renseignements très précis.
4. On se divertit en faisant les mots croisés ou simplement en lisant l'horoscope.
5. Nombreux sont ceux qui craignent la puissance de la presse.

II. EXERCICES EN CONTEXTE

A. **La fonction des media.** Répétez la phrase selon le modèle en substituant le verbe indiqué. N'oubliez pas d'ajouter *à* ou *de* si c'est nécessaire.

MODELE: La télévision <u>croit</u> nous informer. (*chercher*) -->
La télévision cherche à nous informer.

1. Les livres nous <u>aident à</u> rêver.
2. Les magazines <u>servent à</u> nous distraire.

B. **Goûts littéraires.** Répétez les phrases selon le modèle en substituant le verbe indiqué. N'oubliez pas d'ajouter *à* ou *de* si c'est nécessaire.

MODELE: Tu <u>t'amuses à</u> feuilleter des magazines. (*avoir l'intention*) -->
Tu as l'intention de feuilleter des magazines.

1. J'<u>accepte de</u> te prêter le journal.
2. Je <u>renonce à</u> lire ce genre de livre.

C. **La routine d'Anne.** Transformez les phrases selon le modèle en utilisant le *passé de l'infinitif*.

MODELE: Anne rentrait du travail, puis elle feuilletait un magazine. -->
Après être rentrée du travail, Anne feuilletait un magazine.

1. Anne feuilletait un magazine, puis elle s'installait devant la télé.
2. Anne regardait la télé, puis elle dînait.
3. Anne dînait, puis elle lisait des bandes dessinées.
4. Anne se couchait, puis elle rêvait de ses lectures.
5. Anne dormait bien, puis elle se levait en forme.

D. **Henri a prêté un livre à Anne.** Transformez les phrases selon le modèle en substituant le *passé de l'infinitif* du verbe indiqué.

MODELE: Elle craint de l'<u>avoir abîmé</u> (*ruined*) (*perdre*) -->
        Elle craint de l'avoir perdu.

1. Elle le remercie de lui <u>avoir prêté</u> le livre.
2. Elle regrette de ne pas l'<u>avoir fini</u>.

E. Pour ne pas perdre de temps, Henri fait deux choses à la fois. Transformez les phrases selon le modèle en utilisant un *participe présent*.

MODELE: Henri mange et regarde la télé. -->
        Henri mange en regardant la télé.

1. ...   2. ...   3. ...   4. ...   5. ...

F. Hier, Nathalie a suivi son feuilleton préféré. Transformez les phrases selon le modèle en utilisant un *participe passé composé*.

MODELE: Nathalie s'est installée dans un fauteuil et elle a allumé la télé. -->
        S'étant installée dans un fauteuil, Nathalie a allumé la télé.

1. Le héros a rencontré une jeune fille et il est tombé amoureux.
2. Il a fait sa connaissance et il lui a demandé de l'épouser.
3. Elle a refusé et elle est partie avec un autre.
4. Il s'est mis à boire et il l'a oubliée.
5. Nathalie a éteint la télé et elle s'est couchée.

III. DICTEE

Ecoutez la dictée une première fois sans écrire. Ensuite, écoutez-la une deuxième fois en écrivant les mots qui manquent.

    Récemment, j'ai vu un film très intéressant. Je vais _____.

    C'est l'histoire de Jean, un jeune homme pauvre. _____

devenir riche, il quitte la province et part pour Paris

_____ à sa petite amie Renée

_____ bientôt. _____ de nombreuses

aventures, il arrive dans la capitale où il parvient _____.

_____ obtenir un poste important

_____ jour et nuit, il se fait bientôt remarquer

par un important personnage. Il est invité _____ et il tombe

amoureux de Madeleine, une jeune fille riche qu'il _____.

    Hélas, la petite Renée _____ du mariage. Elle

arrive prête _____. Dans une scène _____,

140   *12 Le choc des media*

NOM_____ DATE_____

elle tire sur Jean. Il est blessé. _____, il avoue à

Renée qu'il l'aime encore. J'adore les films romantiques comme celui-la.

IV. A L'ECOUTE

Vous allez entendre une interview avec Florence, une étudiante française. Ecoutez l'interview deux fois, arrêtez la bande et faites l'exercice de compréhension dans votre cahier de laboratoire. Mais d'abord, voici quelques mots utiles.

en regarder pas mal	to watch quite a lot of it
le niveau	level
attirer	to attract
la suite	the following, next one

Maintenant, prenez quelques secondes pour regarder les questions de compréhension dans votre cahier.

Avez-vous compris?

Circle the letter next to the statement that best summarizes the information in the interview.

1. One reason more and more French people are watching television programs may be . . .
   a. the increase in the number of households with videocassette recorders
   b. the increase in the number of American programs being broadcast in France
   c. the steady improvement in the quality of French programming

2. The most popular program in France in recent years is . . .
   a. the French game show "Les Jeux de 24 heures"
   b. the American program "60 Minutes"
   c. the American serial "Dallas"

3. Florence is interested in programs like "Dallas" mainly because . . .
   a. the sociological and psychological factors are intriguing
   b. she identifies with the characters
   c. the show represents the American way of life

4. In Florence's family, television viewing . . .
   a. is an important part of family life
   b. is saved for meal hours, when everyone watches television together
   c. is extremely infrequent

5. Florence feels that most French students . . .
   a. prefer television viewing to other types of leisure activities
   b. prefer going to the movies to watching television
   c. watch television only during vacation

12 Le choc des media

6. According to Florence, the amount of television viewing one does might depend on . . .
   a. one's social status
   b. one's marital status
   c. one's financial situation

7. In general, Florence's own attitude toward television viewing could be summarized as follows:
   a. Television has its place but should not dominate a student's life.
   b. Television viewing is becoming so popular in French life that people rarely socialize any more.
   c. Watching television is a kind of obsession that prevents Florence from doing her schoolwork.

Deuxième partie
EXERCICES ECRITS
Grammaire en contexte

36. THE INFINITIVE

A. Mais la télé n'est pas aussi mauvaise que ça! Elle nous invite à voyager tout en restant confortablement dans notre fauteuil. C'est du moins ce que pense Monique. Remplacez les tirets par les verbes convenables. Attention au temps des verbes: certains verbes seulement resteront à l'infinitif.

1. Il y a quelques années, on ne pouvait _____ le monde qu'à travers les livres.

   | connaître |
   | lire |
   | permettre |
   | rêver |
   | voyager |

2. Tous les jeunes aimaient _____ Jules Verne et _____ de faire un voyage extraordinaire de la terre à la lune.

3. Aujourd'hui, cependant, il nous est possible de _____ tout en restant assis confortablement dans notre salon.

4. Le "petit écran" nous _____, en effet, de visiter les pays les plus lointains.

5. _____ dans un pays comme la Russie n'est pas tout à fait impossible.

   | avouer |
   | être |
   | se laisser |
   | pouvoir |
   | quitter |
   | regarder |
   | voyager |

6. Il suffit de _____ les images et d'imaginer qu'on y _____ vraiment.

142   12 Le choc des media

7. Si nous regardions les nouvelles régulièrement, nous _____ approfondir nos connaissances du monde.

8. Il faut _____ aussi que beaucoup trop de gens _____ accabler par les troubles d'un pays étranger.

9. Alors, ils ne veulent plus _____ leur propre pays!

B. On peut découvrir tout un monde grâce aux divers media. Remplacez les tirets par les prépositions correctes s'il en faut.

1. Nous n'avons pas besoin _____ voyager _____ découvrir le monde.

2. Personne ne peut nous _____ empêcher _____ visiter la Chine au moyen de la télé.

3. Mais, on peut aussi _____ essayer _____ s'informer grâce aux livres.

4. Mais, bien sûr, il faut _____ aimer _____ lire.

5. Il vaut mieux _____ trouver un pays intéressant où on voudrait _____ aller.

6. On finit toujours _____ aller au pays qui nous attire du premier coup.

7. Je viens _____ lire un article sur le Japon et j'ai déjà commencé _____ faire des projets de voyage.

8. J'espère donc _____ aller au Japon l'année prochaine.

9. J'ai décidé _____ faire ce voyage seul.

10. Je me suis décidé _____ le faire il y a seulement une semaine.

11. Je vais cesser _____ avoir peur _____ voyager en avion.

12. J'ai oublié _____ dire que j'ai déjà mon billet.

13. Je vais m'amuser _____ prendre beaucoup de photos.

14. Je pense _____ prendre beaucoup de photos en couleurs et je tiens _____ en envoyer à tous mes amis.

12 Le choc des media

15. Mes parents m'encouragent _____ faire ce voyage.

16. Vous voyez bien comment j'ai commencé _____ voyager tout simplement en lisant un article.

C. Georges a décidé de téléphoner à une amie en France. Il parle avec la standardiste. Ecrivez des phrases complètes avec les mots donnés en faisant tous les changements nécessaires. Faites surtout attention aux prépositions.

1. Georges: je / vouloir / appeler / Nice / France
   _____

2. La standardiste: vous / pouvoir / faire le numéro / directement
   _____

3. Georges: mais non / je / avoir besoin / téléphoner / mon amie / France
   _____

4. La standardiste: ne pas négliger / faire le numéro / entier
   _____

5. La standardiste: il ne faut pas / oublier / faire / indicatif (*access number*)
   _____

6. La standardiste: il faut / s'attendre / ne pas avoir / communication / tout de suite
   _____

7. Georges: mais je / ne pas réussir / avoir / France
   _____

8. La standardiste: essayer / faire / numéro / encore une fois
   _____

9. Georges: je / commencer / perdre patience
   _____

10. La standardiste: vous / finir / avoir (*reach*) / votre amie
    _____

D. Phillip, étudiant américain en France, vient de recevoir une lettre de son copain aux Etats-Unis. Ici il aide un ami français à comprendre sa lettre. Traduisez les phrases ci-dessous en français.

1. Phillip, thank you for having lent me your book on France.

2. After having read it, I went to see a documentary.

3. After I got home, I called a travel agent.

4. After having talked with him, I decided to go to France next year.

5. I regret not having gone with you.

6. After having received so much good advice, I am ready to leave.

E. David, le copain de Phillip, est maintenant en France. Reliez les phrases données par un infinitif passé. Lisez bien les deux segments avant d'en faire une seule phrase. Faites attention au sens.

MODELE: David arrive à l'aéroport. Ensuite il achète un plan de la ville. -->
Après être arrivé à l'aéroport, David a acheté un plan de la ville.

1. David a acheté un plan. Ensuite il cherche la rue Balzac.

2. Il a trouvé la rue Balzac. Il descend à l'hôtel où il va rester une semaine.

3. Il a fait la connaissance d'un jeune homme. Il est content d'avoir un ami.

4. Il se présente. Le jeune homme lui dit qu'il s'appelle Jean-Louis.

12 Le choc des media

5. Ils vont au restaurant ensemble. Ensuite Jean-Louis invite David à finir la soirée chez lui. _____
_____

6. Ils discutent beaucoup. Ensuite ils regardent un film à la télé.
_____
_____

7. David regarde l'heure. Il décide de partir parce qu'il se fait tard.
_____
_____

8. Ils se lèvent tous les deux. Ils se promettent de se revoir bientôt.
_____
_____

37. PARTICIPLES

A. Télé, ciné, radio, journaux ne sont pas nécessairement nuisibles. Ce sont plutôt nos abus qui les rendent pernicieux. C'est ce que pense Alain en observant ses amis. Remplacez les tirets par les verbes convenables en les mettant au participe présent.

Martine mange en (1)_____ la télé. Elle court en

(2)_____ la radio, et elle lit le journal en

(3)_____ ses repas tout en (4)_____

| aller |
| écouter |
| faire |
| manger |
| regarder |

attention à l'image sur le petit écran. Et puis, elle lit

ses livres de classe en (5)_____ à l'école.

C'est en (6)_____ une revue qu'Edouard décide

d'aller aux Iles Canaries. (7)_____ qu'il faut faire

| connaître |
| feuilleter |
| savoir |
| téléphoner |
| vouloir |

les préparatifs bien à l'avance, il s'informe. En

(8)_____ à une agence de voyage, il découvre que

l'agent est une de ses anciennes amies. Elle,

(9)_____ déjà les îles, persuade Edouard d'y aller

le plus tôt possible. Et lui, de son côté, ne (10)_____

pas voyager seul, la persuade à son tour d'y aller avec lui.

NOM_____ DATE_____

On dit qu'on peut s'instruire énormément tout en

(11)_____ un adepte (*fan*) de la télévision. Mais,

naturellement, cela n'arrive qu'en (12)_____ de bons

programmes. (13)_____ un choix énorme aux Etats-

Unis, cela est assez facile. Mais encore, c'est seulement

en (14)_____ sur ce qu'on a vu, qu'on apprend quelque

chose.

> avoir
> choisir
> être
> réfléchir

B. Pour Kathy, les différents media peuvent être utiles. Traduisez les phrases ci-dessous en français en faisant attention au participe passé.

1. Having read an article concerning the Minitel, I am anxious to use it.

2. Having listened to the radio, I knew where the accident happened.

3. Having awakened too late, I forgot to listen to the program.

4. Not having been able to have a TV set when I was in the hospital, I got bored.

5. When I get the newspaper in the evening, I already know what happened in the world, having listened to the news on my way home.

12 Le choc des media

38. THE *PASSE SIMPLE*

Croyable ou incroyable? On l'a lu dans un almanach français! Lisez le passage suivant, puis mettez au passé composé les verbes entre parenthèses qui sont au passé simple.

En 1948, les habitants de Louisville, dans le Kentucky, (1)_____ (*virent*) dans le ciel un objet qui se dirigeait vers le sud. Ils (2)_____ (*avisèrent*) la police qui (3)_____ (*prévint*) la base militaire de Fort Knox. La tour de contrôle (4)_____ (*constata*) qu'il ne s'agissait pas d'un avion. Le capitaine Mantell (5)_____ (*se lança*) à la poursuite de l'objet, mais l'objet (6)_____ (*disparut*). Il l'(7)_____ (*aperçut*) de nouveau deux heures plus tard. On (8)_____ (*enregistra*) ses déclarations-radio et trois autres pilotes (9)_____ (*virent*) Mantell à quelques centaines de mètres de ce qui était un vaisseau spatial.

Le dernier communiqué de Mantell (10)_____ (*dit*) que l'objet en question (11)_____ (*s'envola*) et (12)_____ (*disparut*). Mantell (13)_____ (*ne rentra jamais*). On (14)_____ (*retrouva*) son cadavre dans les débris de l'appareil.

Adapté de *COMODO*

RECAPITULATION

Michel aime faire des promenades nostalgiques et rêver d'histoire. Remplacez les tirets par les verbes appropriés en les mettant à la forme correcte (infinitif, infinitif passé, participe présent, etc.). Attention: s'il s'agit d'un infinitif, donnez aussi la préposition si nécessaire.

(1)_____ l'affiche concernant le musée-promenade de Marly-le-Roi-Louveciennes, je m'y suis rendu. Ce petit musée vous invite vraiment (2)_____ une promenade à travers le temps dans deux vieux villages adjacents: Marly-le-Roi et Louveciennes. A Marly se trouvait la maison de campagne de Louis XIV. Là, j'ai pu (3)_____

être
faire
imaginer
se promener
remarquer

NOM_____   DATE_____

la vie de loisir du roi et, tout en (4)_____,

j'ai eu l'impression (5)_____ au dix-septième siècle

en visite chez un roi si célèbre.

    Après (6)_____ le château de Marly-le-Roi, je

suis allé dans d'autres salles où on a essayé d(e)

(7)_____ les jardins et le château de Louveciennes

de Mme du Barry. (8)_____ (9)_____ ma

visite dans les rues mêmes des deux vieux villages et,

(10)_____ le plan que j'avais reçu à l'entrée du

musée, je suis sorti. En (11)_____, j'ai remarqué

tout de suite les arbres centenaires et les rues paisibles.

Nostalgique, je suis parti.

| consulter |
| évoquer |
| finir |
| sortir |
| visiter |
| vouloir |

COMPOSITION FRANÇAISE

Télé, ciné, radio, journaux: peut-on vivre sans eux? Ecrivez un passage dans lequel vous décrivez le rôle des media dans votre vie. Dites comment ils vous influencent, desquels vous pourriez vous passer, celui qui affecte le plus votre vie, etc. Lequel vous manquerait le plus? Pourquoi?

12 Le choc des media

REPONSES AUX EXERCICES

Première partie
EXERCICES ORAUX

A VOUS LA PAROLE

Chapitre 2
Exercice E
1. Ils offrent. 2. Elles invitent. 3. Ils s'allument. 4. Ils ouvrent.
5. Elle avance.

Chapitre 3
Exercice C
1. [ə], [e] 2. [e], [ə] 3. [e], [ɛ] 4. [ɛ], [e] 5. [ə], [e]
6. [ə], [e] 7. [e], [ə] 8. [e], [ə] 9. [e], [ə] 10. [e], [ɛ]

Chapitre 5
Exercice D
1. [y], [u], [y] 2. [u], [u], [y] 3. [u], [y], [y] 4. [u], [u], [y]
5. [y], [u], [y]

Chapitre 7
Exercice C
1. A 2. F 3. F 4. A 5. F 6. A 7. A 8. F 9. A 10. F

Chapitre 8
Exercice B
1. (1) 2. (1) 3. (2) 4. (1) 5. (2) 6. (2) 7. (1) 8. (2)

Chapitre 8
Exercice D
1. (1) 2. (1) 3. (3) 4. (2) 5. (3) 6. (3) 7. (3) 8. (2)

Chapitre 8
Exercice F
1. (4) 2. (3) 3. (4) 4. (3) 5. (4) 6. (2) 7. (2) 8. (4) 9. (1)
10. (1)

A L'ECOUTE

Chapitre 8

Amount	Type of expense	Reason for expenditure
600F	telephone	calling mother every night
900F	Minitel service	English lessons
300F	groceries	Jacqueline is on a diet
1500F	rent	apartment with all the conveniences
600F	electricity	lights are on all night
80F	movies	Jacqueline goes three times a week

Réponses aux exercices

Deuxième partie
EXERCICES ECRITS

Chapitre 1

1. The Present Tense

A. (1) s'appelle (2) maintient (3) arrive (4) se marie (5) s'ennuie
(6) fait (7) se souvient (8) vit (9) apporte (10) exagèrent (11) voit
(12) peut (13) s'intéresse (14) se passionne (15) rendent (16) ajoute
(17) suffit

B. 1. Depuis combien de temps est-ce que vous habitez à Arles? 2. Qu'est-ce que vous préférez, votre appartement ou cette maison de retraite?
3. Pourquoi est-ce que vous ne lisez plus beaucoup? 4. Avec qui est-ce que vous sortez de temps en temps? 5. Où est-ce que vous faites des promenades? 6. Est-ce que vous recevez beaucoup de courrier? 7. Qui est-ce qui vous écrit souvent? 8. Qu'est-ce qui vous donne tant d'énergie?
9. Qu'est-ce que vous faites pour dormir bien la nuit? 10. Est-ce que vous voulez vivre encore dix ans?
Answers to questions will vary.

C. 1. J'ai dix-neuf ans. 2. Nous habitons dans cette maison depuis le mois de mars. 3. Je viens de finir un exercice en français. 4. Nous sommes en train d'étudier le temps présent. 5. Mon ami et moi allons au concert ce soir. 6. Vous attendez ma lettre depuis deux mois.

D. Answers will vary.

2. Descriptive Adjectives

A. 1. grandes 2. gros 3. belles 4. sportifs 5. heureux 6. sérieuses
7. fiers 8. conservatrices 9. discrets 10. menteuses 11. francs
12. gentilles

B. 1. C'est une ancienne amie de ma mère. 2. C'est une personne d'un certain âge et d'un caractère renfermé et austère. 3. Elle mène une existence rigoureuse par habitude de la vie dure de sa jeunesse. 4. C'est une grande femme mince. 5. Son air sévère fait peur. 6. Elle a les yeux marron clair et porte toujours une jupe et un pull bleu marine. 7. Elle habite dans une grande maison grise dans un beau quartier tranquille. 8. Au fond, c'est une bien brave femme.

C. (1) petites (2) grosses (3) belles/jolies (4) intéressantes
(5) sympathiques (6) sociale (7) bête (8) conservatrice (9) ordonnée
(10) mauvaise

3. The Comparative and Superlative of Adjectives

A. Answers will vary.

B. 1. Quel est le fleuve le plus long? 2. Où sont les villes les moins industrielles? 3. A ton avis, quelle est la moins belle ville? 4. D'où viennent les meilleurs vins? 5. Quel est le plus beau château? 6. Où sont les plus mauvaises plages?

Récapitulation
(1) connaissez (2) rapide (3) bonne (4) prête (5) vient (6) française
(7) indique (8) tiennent (9) importante (10) meilleur (11) font
(12) choisissent (13) appréciés (14) dernière

Chapitre 2

4. Nouns
A. 1. musiciennes 2. directeur 3. ouvrière 4. guide 5. institutrice 6. coiffeur 7. professeur 8. joueurs 9. patronne 10. boulangère

B. 1. une 2. une 3. une, un 4. un 5. un 6. un 7. un/une 8. un 9. un 10. une 11. une 12. un

5. Articles
A. (1) -- (2) du (3) la (4) des (5) les (6) les (7) l' (8) le (9) des (10) les (11) la (12) le (13) des (14) les (15) des (16) le (17) une (18) le (19) une (20) la (21) les (22) des (un) (23) la (24) la (25) le (26) des (27) les

B. (1) du (2) de (3) d' (4) des (5) de (6) de (7) de (8) de l' (9) du (10) du (11) un (12) des (13) du (14) de (15) du

6. Demonstrative and Possessive Adjectives
A. 1. cette, ce 2. ces, ce 3. ces, cette 4. cet, cette 5. ces, cet 6. cet, cette

B. (1) son (2) sa (3) son (4) sa (5) ses (6) son (7) son (8) nos (9) notre (10) mon (11) son (12) son (leur)

Récapitulation
(1) les (2) la (3) le (4) d' (5) le (6) la (7) les (8) leurs (9) du (10) -- (11) ses (12) ce (13) ma (14) la (15) aux (16) les (17) des (18) nos (19) mes (20) ce (21) des (22) un (23) les (24) d'

Chapitre 3

7. Asking Questions: Yes/No Questions
A. 1. Tu es assez sportive, n'est-ce pas? 2. Est-ce que tu aimes faire du jogging? 3. Vas-tu souvent au cinéma? 4. Tu aimes jouer aux cartes? 5. Aimes-tu les animaux? 6. Est-ce que tu as un chat ou un chien? 7. Aimes-tu les cours que tu suis ce trimestre? 8. Tes cours, ne sont-ils pas intéressants?

B. 1. Est-ce qu'il aime lire? / Aime-t-il lire? 2. Est-ce qu'il a *Le Diable en tête*? / A-t-il *Le Diable en tête*? 3. Est-ce qu'il aime bien s'habiller? / Aime-t-il bien s'habiller? 4. Quelles chemises est-ce qu'il préfère? / Quelles chemises préfère-t-il? 5. Est-ce que tu as vu celle qui était en vitrine chez "L'homme moderne"? / As-tu vu celle qui... 6. Est-ce qu'il aime les rayures fines? / Aime-t-il les rayures fines? 7. Est-ce que sa mère lui achetait des chemises à la mode? / Sa mère lui achetait-elle des chemises... 8. Est-ce qu'il y a un jeu qui le passionne? / Y a-t-il un jeu qui le passionne?

Information Questions: Who? What?
A. 1. Qui est-ce qui a besoin d'un short? 2. A qui ce vase peut-il faire plaisir? 3. Qu'est-ce que maman peut mettre dans ce coffret? 4. Avec quelle chemise papa peut-il porter cette cravate? 5. Que vas-tu faire avec ce sac? 6. Qui a besoin de gants? 7. A qui cette chemise peut-elle aller le mieux? 8. Pour qui est-ce que tu as acheté ces mouchoirs? 9. Qu'est-ce qui va faire plaisir à tante Berthe? 10. Que va-t-on donner encore à papa?

Réponses aux exercices

B. 1. Qui / Qui est-ce qui 2. Qu'est-ce qui 3. quoi 4. qui 5. Qu'est-ce que 6. Qui est-ce que 7. Qu'est-ce qui 8. Que 9. Qui / Qui est-ce qui 10. Que 11. Qu'est-ce que

Information Questions: Which One(s)?
1. Laquelle t'intéresse le plus? 2. Lesquels présentent des problèmes de débouchés? 3. Lesquelles ont une vie plus facile? 4. Lequel gagne le plus? 5. Auquel aspires-tu? 6. Desquelles parles-tu? 7. Duquel as-tu besoin? 8. Lequel t'attire le plus?

Information Questions: How? When? Where? Why?
A. 1. Combien 2. Depuis quand 3. Où 4. Où 5. Pendant combien de temps 6. Combien 7. Depuis quand 8. Comment 9. Quand 10. Comment

B. 1. Quand aimez-vous aller en vacances? 2. Pourquoi aimez-vous aller en vacances en juin? 3. Où aimez-vous aller? 4. Depuis quand y allez-vous? 5. Combien de temps est-ce que vous y restez? 6. Comment y allez-vous? 7. Où restez-vous? 8. Pourquoi y allez-vous?

Récapitulation
A. 1. Où êtes-vous né? 2. Est-ce que vos parents habitent toujours au Maroc? / Vos parents habitent-ils toujours au Maroc? 3. Quelle(s) langue(s) est-ce qu'on parle au Maroc? 4. Allez-vous souvent en France? / Est-ce que vous allez souvent en France? 5. Combien de temps est-ce que vous y passez? / Combien de temps y passez-vous? 6. Qui / Qui est-ce qui vous encourage à étudier les langues? 7. Que voulez-vous devenir? / Qu'est-ce que vous voulez devenir? 8. Avez-vous l'intention de retourner en France? / Est-ce que vous avez l'intention de retourner en France? 9. Que font vos parents? / Qu'est-ce que font vos parents? 10. Est-ce que vos parents vous encouragent à faire des études en France? / Vos parents vous encouragent-ils à faire des études en France? 11. Quelle langue parlez-vous à la maison? / Quelle langue est-ce que vous parlez à la maison? 12. Qu'est-ce que vous préférez surtout? / Que préférez-vous surtout?

B. 1. Qui / Qui est-ce qui a suggéré ces erreurs? 2. Est-ce qu'on a fait des recherches...? / A-t-on fait des recherches...? 3. Pourquoi n'a-t-on pas besoin de supprimer les pommes de terre? / Pourquoi est-ce qu'on n'a pas besoin de supprimer les pommes de terre? 4. Pourquoi est-ce qu'il ne faut pas supprimer...? / Pourquoi ne faut-il pas supprimer...? 5. Qu'y a-t-il d'avantageux...? / Qu'est-ce qu'il y a d'avantageux...? 6. Qu'est-ce que c'est que les glucides? 7. Quelle différence y a-t-il entre...? / Quelle différence est-ce qu'il y a entre...? 8. Qu'est-ce qui arrive quand on mange trop d'oeufs? / Qu'arrive-t-il quand on mange trop d'oeufs? 9. Qu'est-ce qu'on peut faire quand...? / Que peut-on faire quand...? 10. Quels dangers existent quand...? 11. Quel est le meilleur exercice?

C. 1. Quel est le titre? 2. Qui / Qui est-ce qui est l'auteur? 3. Quelle sorte de livre est-ce? / Quelle sorte de livre est-ce que c'est? 4. Est-ce que c'est une histoire longue? / Est-ce une histoire longue? 5. Où se passe l'histoire? / Où est-ce que l'histoire se passe? 6. Quel est le but de l'auteur? 7. Combien d'autres livres avez-vous de cet auteur? / Combien d'autres livres est-ce que vous avez de cet auteur? 8. Lequel est le meilleur? 9. A quoi fait-elle allusion dans le titre? / A quoi est-ce qu'elle fait allusion dans le titre? 10. Comment l'histoire finit-elle? / Comment est-ce que l'histoire finit?

Chapitre 4

8. Pronominal Verbs
A. (1) se résume (2) se réveille (3) se lève (4) se douche (5) s'habille (6) se précipite (7) se met (8) se dépêche (9) s'agit (10) se tait (11) se trouve (12) se retirer (13) se réserve (14) s'installent (15) s'aperçoit (16) se changer (17) se connaissent (18) s'apprécient (19) s'attablent (20) se séparer

B. 1. M. Pomier se lave les mains. 2. Robert lave le chien. 3. Mme Pomier couche Jean-Paul. 4. Mme Pomier coiffe Juliette. 5. Mme Pomier habille Juliette. 6. Marguerite se coiffe. 7. Marguerite se regarde dans le miroir. 8. Robert s'habille.

C. Answers will vary.

9. Relative Pronouns
A. 1. Je regarde les programmes à la télé qui sont intéressants. 2. Je ne vais jamais dans un café où il n'y a pas de musique. 3. Je lis des livres que j'emprunte à la bibliothèque. 4. Je vais au cinéma voir les films de Spielberg dont on parle beaucoup. 5. Je fais du jogging dans le parc qui n'est pas loin de chez moi. 6. J'invite seulement les amis qui sont mes meilleurs amis. 7. Je déteste les sports qui sont violents. 8. J'aime lire les magazines français dont tu m'as parlé.

B. 1. qui 2. qui 3. où 4. qu' 5. que 6. dont 7. que 8. dont 9. dont 10. que

C. Answers will vary.

10. Negative Expressions and Constructions
A. 1. Non, je ne fais plus de sport. 2. Non, je ne fais jamais de natation. 3. Non, je ne bricole jamais à la maison. 4. Non, je ne vais nulle part à bicyclette. 5. Non, je ne fais pas de peinture. 6. Non, je ne cours avec personne. 7. Non, je ne fais rien pour me détendre. 8. Non, je ne pratique aucun de ces sports. 9. Non, je ne vais nulle part le dimanche. 10. Non, je ne vais ni au concert ni au théâtre.

B. 1. Est-ce que tu as toujours envie d'en faire? 2. Lequel de ces sports est originaire de France? 3. D'où viennent-ils? 4. Connais-tu quelqu'un qui puisse nous apprendre à faire du Moorei-Boogie? 5. Ai-je besoin de quelque chose de spécial pour faire ce sport? 6. Pouvons-nous trouver cet équipement quelque part? / Où pouvons-nous trouver cet équipement?

Récapitulation
1. Aujourd'hui personne ne peut se passer d'un bain de sauna. 2. Les gens qui veulent utiliser le sauna devraient consulter leur docteur. 3. Le sauna n'est jamais pour ceux qui sont déprimés. 4. On ne croit plus que le sauna augmente le tonus musculaire. 5. Le sauna n'augmente guère l'élimination des toxines. 6. On ne lit nulle part que le sauna est bon pour tout le monde. 7. Les docteurs n'ont pas encore étudié les effets du sauna sur ceux qui ont des infections ponctuelles. 8. Aucun docteur ne recommande un grand repas avant un bain de sauna.

Réponses aux exercices

Chapitre 5

11. The *passé composé*

A. (1) a eu (2) a vécu (3) a pris (4) a regretté (5) a craint (6) n'a ressenti (7) a oublié (8) a commencé (9) a pris (10) ont embarqué (11) ont été (12) a retrouvés (13) a choisi (14) a servi (15) l'a dégusté (16) a appris (17) a pu (18) n'a pas participé (19) a visité (20) a-t-elle écrit (21) ont envahi

B. (1) sommes allées (2) suis née (3) j'ai passé (4) sommes arrivées (5) sommes descendues (6) j'ai aperçu (7) sont restés (8) ai connus (9) ont été (10) sommes venues (11) sommes entrées (12) sommes passées (13) sommes montées (14) a offert (15) a plu (16) est tombée (17) avons fait (18) sommes parties

12. The *imparfait*
(1) rêvais (2) faisais (3) arrivions (4) recevaient (5) finissaient (6) partageait (7) se passait (8) nous endormions (9) saviez (10) plaisaient

13. The *imparfait* and the *passé composé* in Narration

A. (1) m'ont surpris (2) a été (3) était (4) dormait (5) a proposé (6) pensait (7) l'a fait (8) l'a métamorphosé (9) a navigué (10) donnaient (11) j'ai pris (12) j'ai bu (13) j'ai acheté (14) vouliez / avez voulu

B. Answers will vary.

14. Adverbs

A. 1. Beaucoup de gens ont commencé récemment à s'inquiéter à cause du trafic aérien. 2. En réalité, il n'y a pratiquement pas d'accidents. 3. C'est vrai qu'il faut attendre patiemment sur la piste avant de décoller. 4. Il y a actuellement des vols sur toutes les villes. / Actuellement, il y a... 5. Les tarifs changent constamment selon les saisons. 6. Normalement, on trouve des places facilement. / Normalement, on trouve facilement des places. 7. On ne nous nourrit pas nécessairement bien. 8. Les hôtesses vous parlent gentiment. 9. Il y a heureusement des sections pour ceux qui ne fument pas. / Heureusement qu'il y a des sections... 10. On recommande de manger peu la veille d'un voyage en avion.

B. (1) longtemps (2) énormément (3) absolument (4) bientôt (5) presque (6) vraiment (7) régulièrement (8) assez (9) déjà (10) dernièrement (11) aussi (12) récemment (13) impatiemment

Récapitulation
(1) L'année dernière, une agence de voyage a annoncé dans une brochure attrayante qu'on pouvait visiter la fabuleuse capitale de l'Egypte. (2) Elle invitait les vacanciers... (3) Je me suis renseigné et je suis parti... (4) Je voulais des vacances au soleil et c'est en Egypte que je les ai trouvées. (5) Quand j'étais là, il faisait chaud, mais les hôtels étaient dotés d'une bonne climatisation. (6) Un jour j'ai fait une croisière sur le Nil avec un guide qui parlait français. (7) Je suis rentré enchanté de mon voyage.

Chapitre 6

15. The Imperative
A. (1) n'achète pas (2) achète (3) ne mange pas (4) lève-toi (5) détends (6) bois (7) ne bois pas (8) attendez (9) soyez (10) ayez (11) ne courez pas (12) courons (13) levons-nous (14) faisons

B. 1. Ne traversez pas! 2. Arrêtez-vous! 3. Ne fumez pas! 4. N'entrez pas! 5. Ne faites pas de bruit! 6. Attachez vos ceintures! 7. Allez à 60 km à l'heure! / Ne dépassez pas 60 km à l'heure!

16. Direct and Indirect Objects
A. 1. je m'aime comme je suis 2. je l'aime 3. j'aime le prendre dès que je me lève 4. je veux les essayer 5. je les aime 6. je me les lave avec un shampooing aux oeufs 7. je me la soigne 8. je les ai vus

B. 1. Je lui demande de l'essayer un peu. / Je ne lui demande pas de... 2. Je leur pose beaucoup de questions avant d'acheter. / Je ne leur pose pas beaucoup de questions... 3. Je lui rapporte la marchandise quand je ne suis pas satisfait. / Je ne lui rapporte pas la marchandise... 4. Je lui écris... / Je ne lui écris pas... 5. J'hésite à lui dire qu'une crème n'est pas bonne. / Je n'hésite pas à lui dire... 6. Je lui téléphone quand un produit est excellent. / Je ne lui téléphone pas... 7. Je leur sers des produits alimentaires qui ne font pas grossir. / Je ne leur sers pas de produits... 8. Je me prépare une tisane... / Je ne me prépare pas de tisane...

17. The Pronouns y and en
1. j'en mange 2. j'en prends 3. je n'en ai jamais pris d'autres 4. je m'en fais 5. j'y vais de temps en temps 6. j'en fais 7. j'y vais régulièrement 8. j'aime en faire 9. je n'y pense pas 10. je n'ai pas essayé d'en faire

18. Disjunctive Pronouns
(1) d'eux (2) elle (3) elles (4) lui (5) elle (6) vous (7) elle (8) nous (9) moi

19. Order of Object Pronouns
A. 1. Charles le lui a dit. 2. Elle la lui a donnée. 3. Il les lui a donnés. 4. L'ordinateur la lui a donnée. 5. L'ordinateur le lui a conseillé. 6. L'ordinateur le leur établit pour 15 jours.

B. 1. J'y suis allée avec eux. 2. Nous ne lui en avons pas parlé. 3. Il l'a déjà essayé. 4. Vous en mangez trop souvent. 5. Il y en a toujours trop. 6. Votre poids peut en être la cause. 7. Je lui en ai acheté. 8. Vous ne le leur avez pas dit. 9. Je vous la conseille vivement. 10. Il y en a beaucoup.

Récapitulation
A. 1. j'en mange trois par jour 2. je n'en fais pas régulièrement 3. j'y fais attention 4. je ne me pèse pas tous les jours 5. j'y vais souvent 6. je n'y reste pas longtemps 7. j'en emploie 8. je m'y oppose 9. j'en mange tous les jours 10. je ne les aime pas

Réponses aux exercices

B. 1. Employez-la tous les jours! 2. Téléphonez-nous! 3. Allez-y aujourd'hui! 4. Attendez-les! 5. Ecoutez-le! 6. Mangez-en autant que vous voulez! 7. Parlez-en à votre diététicien! 8. Commandez-en une bouteille aujourd'hui!

C. (1) vous (2) y (3) le (4) en (5) d'eux (6) le (7) en (8) les (9) vous (10) le (11) m' (12) moi (13) n'y

Chapitre 7

20. The *futur simple*
A. Answers will vary.

B. Possible answers:
1. Les gens auront-ils toujours faim? 2. Faudra-t-il toujours travailler? 3. Emploiera-t-on toujours de l'argent liquide? 4. Comment fera-t-on nos achats? 5. Qu'est-ce qui remplacera le pétrole? 6. A quelle heure finira la journée du travailleur? 7. Les pays auront-ils toujours besoin d'armées? 8. Quelles seront les formalités pour aller de pays en pays?

C. 1. Quand je serai plus âgée (plus vieille) et que nous serons en l'an 2000, tout sera (ira) mieux. 2. Dès que nous aurons découvert un nouveau carburant, nous construirons de plus grosses/grandes voitures (des voitures plus grosses/grandes). 3. Je voudrai faire un voyage dans un vaisseau spatial quand on invitera de nouveau le public à participer. 4. Tant qu'il y aura des gens sur la terre, il y aura des crises d'énergie. 5. J'achèterai un (mon) avion personnel dès que je (le) pourrai. 6. Les gens n'achèteront plus d'ordinateurs tant qu'ils resteront si compliqués.

21. The *futur antérieur*
A. Answers will vary.

B. 1. aura été, pourra 2. auront perdu 3. auront disparu, aura 4. sera, mourront 5. aura évolué / évoluera, auront disparu 6. survivront, seront 7. aura changé / changera, fera

22. Numbers, Dates, and Time
A. 1. 163 2. 292 3. 2980 4. 676 5. 4001 6. 3 000 777 7. 1 120 8. 1 555

B. 1. quarante-sept millions six cent quatre-vingt-dix-huit mille cinq cent quatre-vingt sept 2. trente-trois millions sept cent vingt-trois mille cent quarante-deux 3. trente-neuf millions neuf cent trois mille trois cent vingt et un 4. soixante-sept millions cinq cent quarante-trois mille neuf cent quatre-vingt-huit 5. un milliard huit cent quatre-vingt-dix-neuf millions quatre cent soixante-dix-huit mille cinq cent cinquante-cinq

C. 1. Le douzième gagnant recevra un grand poste de télé. 2. Le cinquantième gagnant recevra des disques. 3. Le quatorzième gagnant recevra un grand poste de télé. 4. Le premier gagnant recevra un million de francs. 5. Le soixante et onzième gagnant recevra des billets de cinéma ou de théâtre. 6. Le trente-quatrième gagnant recevra une radio. 7. Le deuxième gagnant recevra un petit avion personnel. 8. Le neuvième gagnant recevra un hors-bord (un petit bateau automobile). 9. Le seizième gagnant recevra une chaîne stéréo. 10. Le dix-huitième gagnant recevra une chaîne stéréo. 11. Le vingt et unième gagnant recevra une chaîne stéréo. 12. Le soixante-dix-septième gagnant recevra des billets de cinéma ou de théâtre.

D. Answers may vary.

E. 1. le 20 janvier 2001 2. le 4 juillet 2076 3. le 14 juillet 2089 4. le 6 août 2045 5. ?

Récapitulation
1. Le trente et un décembre mille neuf cent quatre-vingt-dix-neuf sera un beau jour. 2. Selon Nostradamus, un futuriste du seizième siècle, le monde aura disparu en deux mille un. 3. Les optimistes disent qu'au vingt et unième siècle il n'y aura ni guerres, ni crises d'énergie, ni maladies. 4. Au vingt-deuxième siècle nous aurons épuisé tout le gaz naturel et nous nous servirons d'énergie nucléaire pour chauffer nos maisons. 5. En l'an deux mille, tout le monde saura se servir d'un ordinateur. 6. Un ordinateur nous réveillera et dira, par exemple: "Réveille-toi (Réveillez-vous), il est six heures et quart". 7. Tous les étudiants auront leur propre calculatrice de poche (leurs propres calculatrices de poche). 8. Nous pourrons choisir parmi cent vingt chaînes de télévision. 9. Les gens travailleront seulement de huit heures et demie à deux heures. 10. Les médecins (docteurs) auront trouvé un remède contre toutes les maladies.

Chapitre 8

23. The *plus-que-parfait*
A. 1. avaient reçu 2. avaient gagné 3. avaient accumulé 4. n'avaient eu 5. avait appris 6. avait inculqué 7. avait été 8. avaient grandi 9. avait eu 10. avaient travaillé

B. (1) voulions (2) fallait (3) avions mis (4) croyions (5) voulions (6) était (7) avaient augmenté (8) pouvions (9) avions projeté

24. The Present Conditional
A. 1. faudrait 2. voudrais, n'aurais 3. seraient, m'enverraient 4. ferions 5. irions, s'étonneraient 6. saurait 7. gagnerais

B. Answers will vary.

25. The Past Conditional
A. 1. auraient été 2. aurait pu 3. aurions gagné 4. j'aurais voulu 5. auriez dû 6. serais allé

B. 1. j'aurais dû 2. auraient pu 3. aurions voulu 4. serais allé 5. nous nous serions débrouillés 6. serais resté 7. je me serais orienté 8. aurions été 9. aurions eu 10. aurais fait

26. Conditional Sentences
A. Answers will vary.

B. (1) serais allé (2) pouvais (3) ferons (4) prendrais (5) partirons (6) nous nous décidons

Réponses aux exercices

Récapitulation
1. Je m'étais demandé s'ils allaient m'avertir. 2. Ils auraient dû me payer dix dollars de l'heure. (On aurait dû me payer...) 3. Si j'avais su, j'aurais mis mon argent à la banque. 4. Dès qu'il avait reçu son chèque, il achetait un disque. 5. Nous aurions acheté une nouvelle voiture si nous avions gagné le gros lot. 6. Les gens n'auraient pas tant de dettes s'ils payaient comptant tout ce qu'ils achètent. 7. Elle m'a dit qu'on me prêterait l'argent. (... qu'ils me prêteraient...) 8. Il paraît que le coût de la vie a augmenté de nouveau ce mois-ci. 9. Si je ne gaspillais pas tant d'argent, j'aurais un gros (considérable) compte en banque.

Chapitre 9

27. Forms of the Subjunctive
A. 1. vous vous souveniez 2. ayez 3. montriez 4. bousculiez 5. respectiez 6. maintiennent 7. sachiez 8. fassions 9. attendes 10. rende

B. 1. aies invité 2. sois allé 3. te sois souvenu 4. n'ait pas résolu 5. aies réagi 6. vous vous soyez confiées 7. aies été 8. ayons dû

28. Contexts for the Subjunctive
A. 1. Je crains que les autres ne vous comprennent pas. 2. Il est nécessaire que vous soyez patient avec tout le monde. 3. Il est important que vous essayiez de comprendre les autres. 4. J'ai peur que vous n'ayez pas assez de tact. 5. Il suffit que vous croyiez vos amis. 6. Il se peut que vos amis vous fassent du mal. 7. Mais il est indispensable que vous répondiez aux besoins de vos amis. 8. Il est regrettable que certaines personnes se conduisent d'une façon honteuse. 9. Il est bon que vous connaissiez bien vos amis. 10. Il est important que chacun s'en aille satisfait.

B. Answers will vary.

C. 1. Tu es l'amie la plus gentille que j'aie jamais eue. (Tu es la plus gentille amie que...) 2. Il faut que tu viennes me voir. 3. Je doute que Pauline y arrive. 4. Elle a besoin de quelqu'un qui puisse bien expliquer les maths. 5. J'espère que Joseph viendra aux Etats-Unis. 6. Crois-tu qu'il ait raison? 7. Il faut que tu sois la première à faire des excuses. (Il faut d'abord que tu fasses des excuses.) 8. Il faut que tu te souviennes de son bon caractère. (Il faut que tu te rappelles son bon caractère.)

29. Alternatives to the Subjunctive
A. 1. La mode est belle bien qu'elle n'ait qu'une valeur relative. 2. On peut s'habiller à la mode à condition que l'argent soit abondant. 3. Je porte les mêmes vêtements jusqu'à ce qu'ils soient démodés. 4. Je n'entre pas en bikini dans une église afin qu'on ne me mette pas à la porte. 5. Je ne porte jamais de grand chapeau au cinéma pour qu'on ne se fâche pas contre moi. 6. Je veux acheter un manteau à la mode avant qu'ils (ne) soient tous vendus. 7. Je porte mes robes toujours de la même longueur de sorte qu'elles soient toujours à la mode. 8. J'aime bien recevoir à condition que les gens ne viennent pas en blue-jeans.

B. 1. Nous avons été extrêmement touchés que vous ayez été si généreux. 2. Je suis heureuse d'avoir eu l'occasion de vous écrire. 3. Je suis désolée que Marthe n'ait (pas) pu nous rejoindre. 4. C'est un peu dommage que le temps ait été pluvieux. 5. Nous sommes enchantés néanmoins d'avoir pu apprécier le paysage. 6. J'espère que vous m'enverrez la recette de votre gâteau. 7. Je suis certaine que vous êtes la meilleure cuisinière du pays. 8. Je ne pense pas que nous ayons goûté de meilleurs plats. 9. Il est curieux que Jacques ait refusé de venir. 10. J'insisterai qu'il vienne la prochaine fois.

30. *Faire causatif*
1. Nous allons faire venir nos amis pour l'anniversaire de Floriant.
2. Faites rédiger les invitations par Marie. 3. J'ai écrit un poème pour Floriant; je vais le faire lire par ta soeur. 4. Faisons faire un gâteau à Mme Lenormand. 5. Holly va faire décorer la maison par sa mère. 6. Tous ces préparatifs me font tourner la tête!

Récapitulation
A. 1. Il est essentiel de savoir se comporter en public. 2. Le sourire est le seul moyen qui soit efficace dans toutes les situations. 3. Il n'est plus de rigueur de se faire ouvrir la porte. 4. Il faut boire modérément à une soirée. 5. Les fleurs sont un cadeau qui fait toujours plaisir. 6. Pensez-vous que notre façon de parler ait trahi (*or* trahisse) notre vrai milieu?

B. (1) remercions (2) sommes (3) ayez été (4) n'ayons pu (5) continuerez (6) soient (7) puissiez (8) se développe

Chapitre 10

31. Comparisons with Adverbs and Quantities
A. 1. plus harmonieusement 2. mieux 3. plus luxueusement 4. plus rapidement 5. (encore) plus désespérément 6. plus mal 7. plus rigoureusement 8. plus vite

B. 1. Je regarde la télé aussi/moins régulièrement qu'avant. 2. On montre plus/moins souvent les réclames de bière que les autres. 3. Les petites voitures sont plus/moins luxueusement équipées que les grandes. 4. Je remarque plus/moins vite les réclames pour les voitures que les réclames pour les cigarettes. 5. Dans les réclames, les femmes agissent plus/moins bêtement que les hommes. 6. La télévision présente plus/moins effectivement les personnalités politiques que les journaux.

C. (1) bien (2) beaucoup (3) bien (4) plus (5) le plus (6) encore

D. Answers will vary.

32. Indefinite Adjectives and Pronouns
A. (1) chaque (2) certains (3) nulle (4) toutes les (5) divers (6) n'importe quelle (7) tous les (8) chaque (9) différentes (10) diverses (11) certains (12) toutes les (13) certaines (14) telles

B. (1) certaines (2) d'autres (3) certaines (4) quelque chose (5) toutes (6) certaines (7) personne (8) chacun (9) tout

Réponses aux exercices

Récapitulation

1. On trouve le plus souvent des réclames pour les produits de beauté.
2. Certaines réclames sont aussi mal faites que les produits qu'elles représentent. 3. Toute la journée, ceux qui regardent la télé sont bombardés de publicité. 4. Certaines réclames sont bonnes mais pas toutes. 5. Je n'ai jamais employé un tel produit. (Je ne me suis jamais servi(e) d'un tel...)
6. Certaines réclames disent que vous pouvez vous laver la tête aussi souvent que vous voulez. 7. Certains produits sont mieux décrits que d'autres.
8. Certaines sont plus honnêtes que d'autres. 9. Certaines personnes disent qu'avec Super Bronzage on se sent encore moins bien protégé. 10. Elles indiquent que Clair Moment est plus particulièrement pour les peaux normales.

Chapitre 11

33. Relative Pronouns (II): With Prepositions
A. 1. à laquelle 2. auquel 3. duquel 4. auxquels (à qui) 5. desquelles (de laquelle) 6. lesquels 7. duquel 8. dont 9. duquel 10. qui (lesquels)

B. Answers will vary.

34. Demonstrative Pronouns
A. 1. celui 2. celle 3. ceux 4. celles 5. celle-ci 6. ceux-ci
   7. celle-ci 8. ceux-ci, celui-ci

B. 1. cela 2. ceci 3. c'est 4. cela 5. ce sont 6. c'est

35. Possessive Pronouns
1. les miens 2. la mienne 3. les nôtres 4. le mien 5. le tien
6. les siens 7. le leur 8. les miennes 9. la nôtre 10. les miens

Récapitulation
(1) c'est (2) desquelles (3) cela (4) celles-ci (5) ceux (6) duquel
(7) c'est (8) dont (9) celle-ci (10) dont (11) c'est (12) celui-ci

Chapitre 12

36. The Infinitive
A. 1. connaître 2. lire, rêvaient 3. voyager 4. permet 5. voyager
   6. regarder, est 7. pourrions 8. avouer, se laissent 9. quitter

B. 1. de, pour 2. --, de 3. --, de 4. --, -- 5. --, -- 6. par
   7. de, à/de 8. -- 9. de 10. à 11. d', de 12. de 13. à 14. --, à
   15. à 16. à

C. 1. Je voudrais appeler Nice en France. 2. Vous pouvez faire le numéro directement. 3. Mais non, j'ai besoin de téléphoner à mon amie en France. 4. Ne négligez pas de faire le numéro entier. 5. Il ne faut pas oublier de faire l'indicatif. 6. Il faut s'attendre à ne pas avoir la communication tout de suite. 7. Mais je ne réussis pas à avoir la France.
8. Essayez de faire le numéro encore une fois. 9. Je commence à perdre patience. 10. Vous finirez par avoir votre amie.

D. 1. Phillip, merci de m'avoir prêté ton livre sur la France. 2. Après l'avoir lu, je suis allé voir un documentaire. 3. Après être rentré, j'ai téléphoné à un agent de voyage. 4. Après lui avoir parlé, j'ai décidé d'aller en France l'année prochaine. 5. Je regrette de ne pas être allé avec toi. 6. Après avoir reçu tant de bons conseils, je suis prêt à partir.

E. 1. Après avoir acheté un plan, il a cherché la rue Balzac. 2. Après avoir trouvé la rue Balzac, il est descendu à l'hôtel où il est resté une semaine. 3. Après avoir fait la connaissance d'un jeune homme, il était content d'avoir un ami. 4. Après s'être présenté, le jeune homme lui a dit qu'il s'appelait Jean-Louis. 5. Après être allés au restaurant ensemble, Jean-Louis a invité David à finir la soirée chez lui. 6. Après avoir beaucoup discuté, ils ont regardé un film à la télé. 7. Après avoir regardé l'heure, il a décidé de partir parce qu'il se faisait tard. 8. Après s'être levés tous les deux, ils se sont promis de se revoir bientôt.

37. Participles
A. (1) regardant (2) écoutant (3) mangeant (4) faisant (5) allant
(6) feuilletant (7) sachant (8) téléphonant (9) connaissant
(10) voulant (11) étant (12) choisissant (13) ayant (14) réfléchissant

B. 1. Ayant lu un article au sujet du Minitel, j'ai hâte de m'en servir. 2. Ayant écouté la radio, je savais où l'accident avait eu lieu (était arrivé). 3. M'étant réveillé trop tard, j'ai oublié d'écouter le programme. 4. N'ayant pu avoir un poste de télé quand j'étais à l'hôpital, je me suis ennuyé. 5. Quand je reçois le journal le soir, je sais déjà ce qui est arrivé (ce qui s'est passé) dans le monde, ayant écouté les nouvelles en chemin.

38. The *passé simple*
(1) ont vu (2) ont avisé (3) a prévenu (4) a constaté (5) s'est lancé
(6) a disparu (7) l'a aperçu (8) a enregistré (9) ont vu (10) a dit
(11) s'est envolé (12) a disparu (13) n'est jamais rentré (14) a retrouvé

Récapitulation
(1) remarquant (ayant remarqué) (2) à faire (3) imaginer (4) me promenant
(5) d'être (6) avoir visité (7) d'évoquer (8) ayant voulu (9) finir (10) ayant consulté (11) sortant

Réponses aux exercices